IMPACTO DA GESTÃO
DE RISCOS NOS RESULTADOS
DAS ORGANIZAÇÕES

Editora Appris Ltda.
1.ª Edição - Copyright© 2023 do autor
Direitos de Edição Reservados à Editora Appris Ltda.

Nenhuma parte desta obra poderá ser utilizada indevidamente, sem estar de acordo com a Lei nº 9.610/98. Se incorreções forem encontradas, serão de exclusiva responsabilidade de seus organizadores. Foi realizado o Depósito Legal na Fundação Biblioteca Nacional, de acordo com as Leis nos 10.994, de 14/12/2004, e 12.192, de 14/01/2010.

Catalogação na Fonte
Elaborado por: Josefina A. S. Guedes
Bibliotecária CRB 9/870

R177i
2023
	Rampini, Gabriel Henrique Silva
	    Impacto da gestão de riscos nos resultados das organizações /
	Gabriel Henrique Silva Rampini. - 1. ed. – Curitiba : Appris, 2023.
	    161 p. ; 21 cm. – (Ciências sociais. Seção administração).
	
	    Inclui referências.
	    ISBN 978-65-250-4063-9
	
	    1. Administração de risco financeiro. 2. ISO31000. 3. COSO ERM.
	I. Título. II. Série.
	
	                                        CDD – 658.155

Livro de acordo com a normalização técnica da ABNT

Appris
editora

Editora e Livraria Appris Ltda.
Av. Manoel Ribas, 2265 – Mercês
Curitiba/PR – CEP: 80810-002
Tel. (41) 3156 - 4731
www.editoraappris.com.br

Printed in Brazil
Impresso no Brasil

Gabriel Henrique Silva Rampini

IMPACTO DA GESTÃO DE RISCOS NOS RESULTADOS DAS ORGANIZAÇÕES

FICHA TÉCNICA

EDITORIAL	Augusto V. de A. Coelho
	Sara C. de Andrade Coelho
COMITÊ EDITORIAL	Marli Caetano
	Andréa Barbosa Gouveia - UFPR
	Edmeire C. Pereira - UFPR
	Iraneide da Silva - UFC
	Jacques de Lima Ferreira - UP
SUPERVISOR DA PRODUÇÃO	Renata Cristina Lopes Miccelli
ASSESSORIA EDITORIAL	Débora Sauaf
REVISÃO	Júlia de Oliveira Rocha
	Isabela do Vale Poncio
DIAGRAMAÇÃO	Bruno Ferreira Nascimento
CAPA	João Vitor Oliveira dos Anjos

COMITÊ CIENTÍFICO DA COLEÇÃO CIÊNCIAS SOCIAIS

DIREÇÃO CIENTÍFICA Fabiano Santos (UERJ-IESP)

CONSULTORES

- Alícia Ferreira Gonçalves (UFPB)
- Artur Perrusi (UFPB)
- Carlos Xavier de Azevedo Netto (UFPB)
- Charles Pessanha (UFRJ)
- Flávio Munhoz Sofiati (UFG)
- Elisandro Pires Frigo (UFPR-Palotina)
- Gabriel Augusto Miranda Setti (UnB)
- Helcimara de Souza Telles (UFMG)
- Iraneide Soares da Silva (UFC-UFPI)
- João Feres Junior (Uerj)
- Jordão Horta Nunes (UFG)
- José Henrique Artigas de Godoy (UFPB)
- Josilene Pinheiro Mariz (UFCG)
- Leticia Andrade (UEMS)
- Luiz Gonzaga Teixeira (USP)
- Marcelo Almeida Peloggio (UFC)
- Maurício Novaes Souza (IF Sudeste-MG)
- Michelle Sato Frigo (UFPR-Palotina)
- Revalino Freitas (UFG)
- Simone Wolff (UEL)

Dedico este livro aos meus filhos, Lara e Theo.

AGRADECIMENTOS

Aos meus pais e irmã, por tudo que representam na minha vida. Esses três grandes alicerces que tenho, sempre deram asas aos meus sonhos pessoais e me incentivaram a alcançar meus objetivos profissionais. À minha esposa, pelo apoio irrestrito em todas as etapas deste livro. Sua paciência, dedicação e amor demonstrados durante esta longa caminhada foram fundamentais para que eu chegasse até o final.

Ao professor Fernando Tobal Berssaneti pela total confiança depositada em mim desde o início desta obra. A maneira franca e direta com que me orientou neste trabalho, me fez amadurecer como pesquisador e conhecer o correto caminho a ser seguido no meio acadêmico. A todos integrantes do Departamento de Engenharia de Produção da Escola Politécnica da USP pela excelência com que conduziram as atividades referentes ao Programa de Pós-graduação.

Ao professor Antônio Celso Ribeiro Brasiliano, presidente da Brasiliano INTERISK e ao administrador Lauro Barbosa Neto, sócio-fundador da Assessoria em Negócios Imobiliários Ltda – ANI, pelo patrocínio cultural que viabilizou a concretização deste livro. A crença neste projeto demonstra a preocupação de suas empresas com o desenvolvimento cultural de nosso país, que certamente agregará valor a seus respectivos negócios.

A vontade de se preparar tem que ser maior do que a vontade de vencer. Vencer será consequência da boa preparação.

(Bob Knight, treinador de basquete norte-americano)

PREFÁCIO

Onde há objetivos, há riscos. Por intermédio deste mantra procuro ensinar alunos e colegas gestores que uma organização, independentemente do seu tamanho e grau de complexidade, só atingirá plenamente seus objetivos por meio da implantação dos processos de gestão de riscos. No entanto, que nem sempre onde há riscos, há controles. O complemento brilhantemente sugerido à frase original pelo amigo e professor Marcus Alcântara nos leva à inexorável compreensão de que apenas uma cultura de Gestão de Riscos – mais, portanto, do que uma metodologia – é que permitirá à organização ampliar sua eficiência, eficácia e efetividade por meio da implementação de medidas mitigadoras proporcionais aos eventos tratados.

O livro *Impacto da gestão de riscos nos resultados das organizações* desenvolve esta temática relevante de forma leve, simples e com linguagem de fácil compreensão, sem perder, no entanto, a profundidade e a completude na abordagem do tema. Aliando os aspectos acadêmicos às atividades do chamado mundo real, o autor se mantém firme no propósito de discorrer sobre o assunto de forma que os gestores tenham condições de compreender e aplicar a gestão de riscos na prática.

Com uma fundamentação teórica consistente, aborda desde os conceitos básicos até os efeitos da gestão de riscos nos resultados organizacionais, destacando como o processo agrega de fato valor às organizações. A integração entre os Fatores Críticos de Sucesso (FCS) e a gestão de riscos, linha de raciocínio que torna a obra singular na literatura pátria, ressalta o viés estratégico que deve ser buscado pelas organizações para que se mantenham competitivas em seus mercados de atuação.

A comparação entre os setores públicos e privados por meio dos estudos de casos apresentados, enriquece sobremaneira a obra, servindo como uma poderosa ferramenta de implantação da gestão de riscos nos diversos segmentos institucionais. A vasta experiência na esfera pública federal e as consultorias prestadas à iniciativa privada, sem dúvida, qualificam o autor a discorrer com propriedade sobre ambos os setores, mostrando, no final das contas, que os desafios, erros e acertos de gestores públicos e privados em muito se assemelham.

Estou certo de que este livro contribuirá para que os gestores compreendam que é possível aplicar de forma simples e objetiva a gestão de riscos em suas organizações e que este é o caminho que viabiliza o alcance dos objetivos estratégicos e consequentemente a perenidade e o sucesso do negócio.

Parafraseando Peter Drucker, existe o risco que você não pode correr e o risco que você não pode jamais deixar de correr. Não ler a presente obra é evento que se enquadra no primeiro grupo ante o elevadíssimo **impacto** em sua caminhada profissional e a **probabilidade** extrema de nunca mais ver o tema com os mesmos olhos. Risco inaceitável. Não há apetite a riscos que o tolere.

Prof. Paulo José Ribeiro Alves

Presidente da Companhia Brasileira de Governança

SUMÁRIO

INTRODUÇÃO 17

1
GESTÃO DE RISCOS 21

1.1 CONCEITO 21

1.2 PROCESSOS DE GESTÃO DE RISCOS 22

1.3 ETAPAS DO PROCESSO DE GESTÃO DE RISCOS 24

    1.3.1 Identificação dos riscos 25

    1.3.2 Análise de riscos 27

    1.3.3 Avaliação de riscos 30

    1.3.4 Tratamento dos riscos 32

    1.3.5 Monitoramento dos riscos 35

2
ESTRUTURAS DE GESTÃO DE RISCOS 37

2.1 ISO 31000 38

2.2 COSO ERM 41

3
FATORES CRÍTICOS DE SUCESSO (FCS) 47

3.1 CONCEITO 47

3.2 IDENTIFICAÇÃO DOS FCS 49

4
SISTEMAS DE APOIO À GESTÃO DE RISCOS 53

4.1 ENTERPRISE RESOURCE PLANNING (ERP) 53

4.2 SISTEMA DE GESTÃO DE DESEMPENHO 56

4.3 SISTEMA DE GESTÃO DA QUALIDADE 58

4.4 SISTEMA DE GESTÃO DE COMPLIANCE 61

5
CASOS PRÁTICOS EM ORGANIZAÇÕES BRASILEIRAS.....67

5.1 ASPECTOS GERAIS DA PESQUISA...........................67

5.1.1 Delimitação das fronteiras da pesquisa........................70

5.1.2 Proposições da pesquisa....................................71

5.1.3 Meios para coleta e análise dos dados........................72

5.1.4 Seleção das unidades de análise..............................78

5.2 RESULTADOS DA PESQUISA.................................83

5.2.1 Setor Público...83

5.2.1.1 Organização A: Serviços Jurídicos.........................83

5.2.1.2 Organização B: Serviços de Tecnologia da Informação......87

5.2.1.3 Organização C: Construção Civil...........................90

5.2.2 Setor Privado...94

5.2.2.1 Organização D: Setor Cervejeiro..........................94

5.2.2.2 Organização E: Setor Financeiro..........................97

5.2.2.3 Organização F: Produção de Fertilizantes.................101

6
EFEITOS DA GESTÃO DE RISCOS NAS ORGANIZAÇÕES .. 105

6.1 ANÁLISE DAS PROPOSIÇÕES DA PESQUISA.................105

6.2 A MATRIZ DE RESULTADOS ORGANIZACIONAIS (MRO)...125

7
AGREGANDO VALOR À ORGANIZAÇÃO....................127

7.1 RELACIONAMENTO COM A ÁREA ESTRATÉGICA..........127

7.2 A FORMALIZAÇÃO DE UMA POLÍTICA DE GESTÃO DE RISCOS. 129

7.3 INTEGRAÇÃO DA ANÁLISE DE RISCO AOS NEGÓCIOS.....130

7.4 ALINHAMENTO COM O PROCESSO DE TOMADA DE DECISÃO. 131

8
STARTUPS 135
   8.1 CONCEITO 135
   8.2 APOIO DA GESTÃO DE RISCOS ÀS STARTUPS 136
      8.2.1 Inovação 136
      8.2.2 Investimentos 137
      8.2.3 Satisfação do cliente 138
      8.2.4 Tomada de decisão 139

9
CONCLUSÃO 141

REFERÊNCIAS 145

APÊNDICE A
MATURIDADE DO PROCESSO DE GESTÃO DE RISCOS
NA ORGANIZAÇÃO 155

INTRODUÇÃO

O processo de tomada de decisão envolve risco, que pode figurar como uma ameaça ao planejamento ou uma oportunidade não planejada. Desta forma, surge a necessidade de se realizar uma gestão de riscos, que visa aumentar a probabilidade de sucesso na atividade complexa, multidisciplinar e desafiadora de gerenciar projetos e desenvolver produtos. Assim, é indispensável a qualquer âmbito empresarial, pois o risco incide nos resultados dos processos e é fundamental para garantir o atingimento dos objetivos estratégicos.

O desempenho das empresas é estudado sob várias perspectivas como, por exemplo: foco nas causas do insucesso organizacional, as razões para o sucesso dos negócios e as consequências das tomadas de decisões. Os motivos mais comuns para o fracasso são a inadequação gerencial, falta de planejamento, gestão de capital de giro deficiente e ausência de regulamentações. Para se manterem competitivas no ambiente globalizado, é necessária uma adequação às demandas de mercado na condução e administração das organizações.

A divisão das organizações em distintas funções é fundamental para que se tenha sucesso na gestão empresarial. Não há uma regra rígida e na prática as áreas variam de acordo com o porte e o tipo de negócio que a empresa executa. Atividades administrativas, financeiras, de recursos humanos, comerciais e operacionais constam normalmente nos organogramas das organizações. Entretanto, apesar de serem fundamentais às organizações, neste cenário cercado por incertezas, tais funções são insuficientes para realização de um efetivo processo de tomada de decisão.

O texto de Frank Knight, *Risk, uncertainty and profit,* publicado em 1921, foi um dos primeiros a apresentar uma definição acadêmica para risco — uma probabilidade mensurável — sendo considerado, portanto, uma das obras seminais sobre o assunto, especialmente pelo estabelecimento de conceitos, definição de princípios e uma inicial sistematização.

A evolução da gestão de riscos resultou da interação de crises financeiras, gestão de incertezas e ações regulatórias. Na década de 1970, a pesquisa estabeleceu as bases intelectuais para as práticas de gestão de risco que foram implantadas sistematicamente nos anos 1980. A publicação do artigo *"The risk management revolution"* no ano de 1976 pela revista *Fortune* evidenciou a gestão de riscos com viés corporativo, sendo uma das primeiras obras a estabelecer o relacionamento entre a alta administração das organizações e as funções relacionadas à gestão de riscos dos negócios.

Entretanto, foi no início dos anos 1990 que a gestão de riscos cresceu de importância tanto na pesquisa quanto nas atividades corporativas. Desde então, grande parte das organizações adotam políticas visando à implantação da gestão de riscos. Neste sentido, a gestão de riscos deve ser vista como uma abordagem prática, inserida em um plano estratégico que os gerentes de fato executem, levando em conta as especificidades do ambiente organizacional interno e externo e permanecendo vigilante no acompanhamento.

As técnicas de avaliação e gestão de riscos amadureceram por meio de pesquisa e aplicação dos resultados. Novas tecnologias são implantadas, novas estruturas conceituais surgem e até mesmo uma nova geração de pesquisadores de risco entra em cena, possivelmente com diferentes perspectivas e habilidades cultivadas.

Ressalta-se que as abordagens e métodos sobre gestão de riscos são apoiados por diretrizes e padrões estabelecidos como, por exemplo, a ISO 31000 e o COSO ERM. Em linhas gerais, o processo de gestão de riscos envolve 5 etapas: identificação, análise, avaliação, tratamento e monitoramento.

A aplicação dos padrões estabelecidos ainda sofre com a falta de clareza em pilares científicos importantes como por exemplo, utilização de determinadas terminologias, origem dos princípios básicos e justificativa de definições. No entanto, as instituições que não se adequarem às melhores práticas estarão passíveis de sofrerem danos irreparáveis à reputação, competitividade e valor de mercado.

Uma das maneiras de as empresas enfrentarem os desafios da implantação de uma gestão de riscos é por meio da identificação dos fatores críticos de sucesso (FCS). Os FCS são áreas nas quais os resultados, se satisfatórios, irão assegurar um desempenho competitivo de sucesso para a organização. São consideradas áreas-chave em que as atividades devem dar certo para que o negócio floresça.

Apesar de a gestão de riscos ser visto como o caminho mais eficiente ao alcance dos objetivos estratégicos das instituições, são necessários indicadores que identifiquem os resultados oriundos da implantação da gestão de riscos nas organizações. É essencial identificar os resultados que as atividades relacionadas ao risco fornecem aos clientes, funcionários, acionistas e sociedade em geral.

Por este ângulo, com o aumento das atividades relativas à gestão de riscos nas empresas, constata-se o aparecimento de variadas interpretações, motivando indefinições e favorecendo incorreções por ocasião das implantações dos procedimentos. Com a finalidade de permanecerem competitivas em suas áreas de atuação, as organizações precisam ter um plano de gestão de riscos estruturado, com definições de políticas e metodologias, mapeamento dos riscos e identificação dos FCS.

Pelo fato de os FCS serem áreas fundamentais para o desenvolvimento do negócio a que se propõem as organizações, a discussão sobre eles sob a ótica da gestão de riscos é essencial para que a alta administração tenha subsídios para tomada de decisões e demonstrem de fato uma mudança de cultura organizacional em relação aos riscos corporativos.

Dessa maneira, o objetivo deste livro é apresentar aos profissionais da área de gestão organizacional (pública ou privada), como a gestão de riscos corporativos pode fazer parte do cotidiano das organizações e principalmente, apresentar qual o impacto nos resultados organizacionais.

O leitor verificará que por meio de uma linguagem direta e objetiva, o autor apresenta uma fundamentação teórica consistente sobre a gestão de riscos corporativos e uma discussão prática sobre o tema que certamente poderá ser empregada em quaisquer tipos de organizações. Certamente, durante a leitura dos 8 capítulos, o leitor irá aprender (ou ratificar) conceitos gerais sobre gestão de riscos, refletir sobre a realidade de sua empresa e por fim, terá conhecimento suficiente para propor melhorias e agregar valor à sua organização.

1

GESTÃO DE RISCOS

Gerencio riscos para que as atividades que planejei aconteçam.

1.1 CONCEITO

Originalmente, a palavra risco provém do italiano antigo *risicare*, que significava ousar e, no sentido de incerteza, originou-se no latim *risicu*. Unindo esses dois significados, a palavra risco é um conjunto de incertezas descobertas quando ousa-se a fazer algo (BERNSTEIN, 1996). Os primeiros registros encontrados sobre riscos estão relacionados à teoria das probabilidades, desenvolvida para aplicação em jogos de azar (do árabe *Al zahr*, que significa dados), surgindo então a ideia de associar risco com a chance de se perder ou ganhar um jogo (SALLES JÚNIOR *et al.*, 2010).

Risco é comumente vinculado à possibilidade de ocorrência de um evento adverso, ou seja, algo que gera consequências negativas. Entretanto, nem sempre risco está associado a perdas. Há de se considerar a concretização de eventos positivos. Nesse caso, o risco deve ser relacionado à oportunidade (RENN, 1998).

Um dos primeiros textos a apresentar uma definição para o termo risco foi *Risk, uncertainty and profit*, publicado por Frank Knight, em 1921. Nele, o autor define risco como sendo uma probabilidade mensurável, ou seja, pode ser quantificado por meio do estabelecimento de um nível aceitável de confiança. Trata-se de uma das obras seminais sobre o tema, principalmente pelo fato de estabelecer conceitos, definir princípios e esboçar uma primitiva sistematização (FRASER; SIMKINS, 2011).

Definir o conceito de risco é fundamental para que se inicie uma discussão consistente sobre o assunto. Esta obra segue a mais recente definição apresentada pelo *Committee of Sponsoring Organizations of the Treadway Commission* (COSO) em 2017, entendendo risco como a possibilidade da ocorrência de eventos que afetem o alcance aos objetivos estratégicos e de negócios. Segundo Aven (2013), o COSO ERM é um dos modelos em gestão de riscos que, aplicado de forma correta nas organizações, apresenta maior efetividade na criação e proteção de valor.

1.2 PROCESSOS DE GESTÃO DE RISCOS

Gestão de riscos é a integração da cultura organizacional e dos recursos disponíveis com a estratégia e a execução utilizadas pelas organizações, para gerenciar riscos na criação, preservação e obtenção de valor (COSO, 2017). Ressalta-se que, a evolução deste conceito é resultado da experiência obtida pelas instituições após crises financeiras, gestão de incertezas e ações regulatórias aliadas às pesquisas acadêmicas sobre o assunto.

Durante os anos de 1970, a literatura estabeleceu as bases acadêmicas voltadas às atividades de gestão de riscos. O artigo "The risk management revolution" publicado por Felix Kloman na revista *Fortune* em julho de 1976, notabilizou a gestão de riscos como uma tendência corporativa, sendo um dos primeiros textos a estabelecer o relacionamento entre a alta administração das organizações e as funções relacionadas à gestão de riscos dos negócios.

Entretanto, as atividades de gestão de riscos foram implantadas sistematicamente na década de 1980 (ADRIAN, 2017), sendo vistas como um processo que visava resguardar os ativos da empresa contra perdas e com custos apropriados, a partir de ferramentas específicas como, por exemplo, seguros.

Nos anos de 1990, a importância da gestão de riscos foi intensificada tanto na academia quanto no ambiente corporativo (MURIANA; VIZZINI, 2017), sendo considerado o processo que identifica, mensura e controla os riscos a que uma empresa está exposta. Pelo fato de o processo buscar analisar e administrar os riscos inerentes ao negócio, visando a consecução dos objetivos estratégicos, a gestão de riscos deve ser o elemento central na gestão das organizações.

Desde então e até os dias atuais, a permanente relação entre gestão de riscos e objetivos da empresa, fez com que o processo se tornasse um fator-chave nas organizações. Esse protagonismo surge também pela percepção de que os riscos devem ser geridos de forma integrada, focando na estratégia da empresa. Nessa perspectiva, destaca-se que os principais impulsionadores da gestão de riscos são os requisitos de governança corporativa e pressões regulatórias, aliados à demanda dos administradores e investidores pela maior compreensão dos riscos estratégicos e operacionais.

A gestão de riscos não tem a pretensão de eliminar completamente os riscos de negócios de uma organização. Para que os possíveis impactos sejam minimizados, o processo deve focar em identificar, mensurar e controlar os riscos. Assim, a gestão de riscos é uma importante ferramenta para que os gestores tomem as decisões mais adequadas em suas empresas, motivo pelo qual as organizações adotam políticas visando à implantação de uma função específica de riscos (OLECHOWSKI *et al.*, 2016).

A gestão de riscos é indispensável em todo ambiente empresarial, pelo fato de o risco incidir nos resultados dos processos, sendo sua mitigação um aspecto fundamental para garantir o atingimento dos objetivos estratégicos. Ela precisa ser encarada como uma atividade prática, inserida em um planejamento estratégico que seja realizado pelos gerentes, levando-se em consideração as características do ambiente organizacional e executando um contínuo acompanhamento. Desta forma, a gestão de riscos tende a aumentar a probabilidade de sucesso na atividade complexa, multidisciplinar e desafiadora de gerenciar projetos e desenvolver produtos (OLIVA, 2016).

Pela razão de a gestão de riscos cada vez mais fazer parte da cultura das instituições, as técnicas de avaliação e gestão amadureceram por meio de pesquisa e aplicação dos resultados. Novas tecnologias e estruturas conceituais estão surgindo. As empresas que não adotarem as melhores práticas de mercado e não respeitarem as regulações impostas estarão suscetíveis a danos irreparáveis à reputação, competitividade e valor de mercado (SAFA *et al.*, 2016).

Ressalta-se que as abordagens e métodos a respeito do processo de gestão de riscos são apoiados por diretrizes e padrões estabelecidos. Os dois modelos mais usuais e reconhecidos internacionalmente são a ISO 31000, cuja versão mais recente foi publicada em 2018 e o COSO ERM, que teve sua última atualização em 2017.

1.3 ETAPAS DO PROCESSO DE GESTÃO DE RISCOS

As principais etapas do processo gestão de riscos são elencadas pelas estruturas ISO 31000 e COSO ERM, que serão abordadas no Capítulo 2 deste livro. Ressalta-se que não há uma estrutura rígida em relação às etapas e cada empresa deve customizá-las de acordo com suas características, porte e setor de atuação.

Neste livro, a intenção do autor é apresentar as etapas de forma ampla e de acordo com o descrito na ISO 31000 e no COSO ERM, para que os gestores de riscos tenham informações e subsídios suficientes para implantarem os processos de gestão de riscos em suas organizações.

Destaca-se que a primeira etapa é a **identificação dos riscos,** em que o gestor toma conhecimento dos principais riscos que a sua organização está é sujeita. A segunda etapa é a **análise de riscos,** onde é feita a matriz impacto/probabilidade, em que deve ser inserida a questão da motricidade dos riscos, que é estuda como um risco afeta no outro. A terceira etapa é a **avaliação de riscos,** momento em que são analisadas as principais perdas e danos, caso o risco se materialize. A quarta etapa é o **tratamento dos riscos** e a quinta etapa é o **monitoramento dos riscos,** que na realidade passa por todas as demais etapas do processo.

1.3.1 Identificação dos riscos

O objetivo desta etapa é que a empresa identifique novos riscos ou riscos que sofreram mudanças que ameaçam o alcance da estratégia e dos objetivos de negócios. A execução das atividades de identificação dos riscos visa, incialmente, estabelecer um inventário e posteriormente confirmar quais riscos permanecem aplicáveis e relevantes.

Conforme as práticas de gestão de riscos corporativos são gradativamente integradas, o conhecimento e a conscientização dos riscos são mantidos atualizados por meio de operações rotineiras. É ideal que esta atividade seja monitorada para ratificar se o inventário de riscos está completo. A frequência de realização pela empresa depende da velocidade em que ocorrem as mudanças ou a manifestação de novos riscos. Nas situações em que as atividades sejam constantes e com raras mudanças, a frequência de identificação de riscos será menor do que quando os riscos são menos previsíveis ou se materializem de forma rápida.

Os eventos de riscos se alteram quando o contexto de negócios muda e podem, inclusive alterar o perfil de risco da organização no futuro. Não é incomum, verificar que determinados eventos de riscos não sejam bem compreendidos para serem identificados e avaliados com precisão no início de um processo, o que na prática pode justificar a maior frequência de novos processos de identificação. Destaca-se a necessidade de a organização registrar a evolução das informações sobre os eventos de riscos identificados.

A identificação dos riscos permite que a empresa se planeje de forma adequada e avalie tempestivamente a severidade potencial dos riscos, assim como se beneficie das possíveis mudanças. Ter tempo para avaliar o risco permite que a organização antecipe a resposta ao risco ou reveja a estratégia e os objetivos de negócios. Determinados riscos podem permanecer desconhecidos, eventos para os quais não havia expectativa de que a empresa pudesse considerá-los durante a etapa de identificação dos riscos. Via de regra, esses eventos se relacionam a mudanças no contexto de negócios, como por exemplo, as ações dos concorrentes, que por vezes são desconhecidas, porém podem representar novos riscos para o desempenho da empresa.

Os gestores de riscos devem focar em identificar aqueles riscos que tem potencial de causar rompimento nas operações e afetar o alcance da estratégia e dos objetivos de negócio. Tais riscos representam uma considerada transformação no perfil de risco, podendo ser eventos específicos ou circunstâncias em evolução. Convém destacar que a identificação de oportunidades está associada à identificação do risco, ou seja, por vezes as oportunidades emergem do risco. Quando as oportunidades são identificadas, devem ser comunicadas a toda organização para serem consideradas como parte da definição da estratégia e dos objetivos de negócio.

Para materializar a etapa de identificação deve ser realizado o inventário de riscos, que na prática é uma lista dos riscos que a empresa está sujeita. De acordo com o número de eventos de riscos individuais identificados, as empresas podem estruturar o inventário de riscos por categoria para oferecer definições padronizadas para diferentes riscos. Essa medida permite que riscos similares sejam agrupados, como por exemplo, riscos estratégicos, riscos de imagem e riscos operacionais. Dentro de cada categoria risco, estabelecidas pela própria organização, pode-se optar por definir os riscos em subcategorias mais detalhadas. O inventário de riscos deve ser atualizado para refletir mudanças identificadas pela gestão organizacional.

Pelo fato de o impacto dos riscos não se limitar a níveis ou funções específicas, as atividades de identificação devem abranger todos os riscos possíveis, independentemente da área que os identificou, de forma que todos constem no inventário de riscos da organização. Para demonstrar que uma identificação do risco abrangente foi conduzida, administração identificará os riscos e as oportunidades em todas as funções e níveis, desde os riscos que são comuns para mais de uma função, assim como aqueles que são específicos de determinada área.

Em que pese existir várias abordagens de identificação dos riscos, inclusive no COSO ERM, o autor destaca o processo apresentado por Oliva (2016), em que a ênfase é dada nas relações entre os agentes presentes no ambiente de negócios das organizações. Esses agentes podem ser fornecedores, concorrentes, distribuidores, clientes e a própria sociedade, por exemplo.

Inicialmente é realizada uma caracterização desses agentes, por meio do *porte, market share, tempo de mercado* e *dependência*. Posteriormente é realizada a caracterização das relações entre os agentes por intermédio de valores como *oportunismo, barganha, compartilhamento de valor* e *coopetição*. Na opinião do autor deste livro, o grande diferencial da abordagem proposta por Oliva (2016) é a redução do subjetivismo presente nas abordagens tradicionais, como por exemplo a execução de um *brainstorm*.

1.3.2 Análise de riscos

Os riscos identificados e incluídos no inventário de riscos devem ser analisados para que se entenda a severidade de cada um para a concretização da estratégia e dos objetivos de negócio da empresa. De acordo com a severidade dos riscos identificados, a organização decide quais recursos e competências devem ser empregados para o risco permanecer dentro do **apetite a risco**, que é o tipo ou nível de risco, em um nível abrangente que a organização está disposta a aceitar na busca de valor (COSO, 2017). Além disso, as análises realizadas nesta etapa, apoiam a escolha do tratamento dos riscos.

A severidade de um risco deve ser avaliada em todos os níveis da organização e de forma alinhada aos objetivos de negócio que ela pode impactar. Eventos de riscos avaliados como importantes no nível operacional, por exemplo, podem ser menos importantes no nível tático; eventos de riscos no nível estratégico, normalmente terão maior impacto sobre a imagem da empresa do que no nível operacional.

Para que a análise seja compreendida por toda a organização, é imprescindível o uso de uma terminologia e de categorias padronizadas. Os riscos em comum entre unidades de negócios podem ser agrupados. Destaca-se que quando os riscos em comum são agrupados, o grau de severidade pode mudar. Por exemplo, os riscos que, individualmente, tem baixa severidade, podem ser tornar mais severos quando analisados coletivamente em todas as unidades de negócios.

Baseando-se nos principais *frameworks*, a empresa deve escolher as métricas para avaliar a severidade do risco. Em geral, essas métricas se alinham ao porte, a natureza e a complexidade da organização e ao seu apetite a risco. A empresa determina a severidade relativa dos riscos para selecionar um tratamento apropriado, alocar recursos, apoiar a tomada de decisão e medir o desempenho da gestão.

As métricas comumente utilizadas são o impacto e a probabilidade. De acordo com o COSO (2017), **impacto** é "o resultado ou efeito de um risco", podendo existir uma variedade de possíveis impactos associados ao risco. O impacto de um risco pode ser positivo ou negativo em relação à estratégia ou aos objetivos do negócio. A **probabilidade** é "a possibilidade de um risco ocorrer". Pode ser expressa em termos de uma possibilidade ou frequência de ocorrência, por meio de abordagens quantitativas ou qualitativas.

Como parte do processo de análise, são consideradas potenciais combinações de probabilidade e impacto. Sempre que a organização identificar que o evento de risco será prejudicial ou demande alteração no tratamento, esse evento deve ser reanalisado de acordo com as métricas previstas.

Convém destacar que o período considerado para a análise dos riscos deve ser o mesmo utilizado para a respectiva estratégia e objetivos de negócio. Pelo fato de a estratégia e os objetivos de negócio de muitas empresas focarem em horizontes de tempo de curto a médio prazo, os gestores de riscos devem utilizar as mesmas referências de tempo. Entretanto, ao avaliar os riscos relacionados à missão, visão ou valores, a referência de tempo pode ser mais longa. A empresa deve estar ciente das referências de tempo mais longas e não desconsiderar os eventos de riscos que podem surgir ou se materializar no futuro.

Os resultados das análises de riscos são comumente representados por um mapa de calor (ou *heat map*). Trata-se de uma representação gráfica, que por meio dos eixos impacto e probabilidade, destaca a severidade relativa de cada um dos riscos que ameaçam a concretização de uma determinada estratégia ou objetivo de negócio. Para cada risco apontado no mapa de calor, um determinado nível de desempenho para a estratégia ou para o objetivo do negócio é assumido. Neste mapa, as várias combinações de probabilidade, impacto, dado o apetite a risco são codificadas em cores para refletir um nível de severidade específica.

Ainda como parte da análise dos riscos, os gestores devem atentar aos conceitos de risco inerente, risco residual meta e risco residual real — todos previstos no COSO ERM 2017. **Risco inerente** é "o risco para uma entidade na ausência de quaisquer ações diretas ou focadas por parte da administração para alterar sua severidade". **Risco residual meta** é "o nível de risco que uma entidade opta por assumir na busca de sua estratégia e objetivos de negócio, sabendo que a administração implementará ou implementou ações diretas ou focadas para alterar a severidade dos riscos". **Risco residual real** é "o risco remanescente depois de a administração ter tomado medidas para alterar a severidade dele".

Além da análise baseada nas métricas impacto e probabilidade, é interessante que se busque entender as interdependências que podem existir entre os riscos. Interdependências podem ocorrer quando vários riscos impactam um objetivo de negócio ou quando um risco diz para outro disco. Riscos podem ocorrer ao mesmo tempo ou sequencialmente. O modo como a empresa entende as interdependências refletirá na análise da severidade.

A abordagem utilizada para analisar a interconectividade entre os riscos tem sua origem nos estudos do pesquisador francês

Michel Godet, que desenvolveu o Método *MICMAC* (*Matrix-based Multiplication Applied to a Classification*), traduzido como Matriz de Impactos Cruzados. Conforme Brasiliano (2018), a aplicação do método *MICMAC* na área de gestão de riscos é fundamental para que o gestor compreenda os aspectos relativos à motricidade entre os riscos, não se restringindo apenas as análises de impacto e probabilidade.

Dessa maneira, entendendo a severidade de diferentes riscos por meio das métricas impactos, probabilidade e interconectividade dos riscos, a empresa pode tomar decisões conscientes acerca dos eventos de riscos e dessa maneira atingir os objetivos estratégicos propostos pelo negócio.

1.3.3 Avaliação de riscos

Na etapa de avaliação dos riscos, as empresas devem realizar a priorização dos riscos a fim de subsidiar a tomada de decisão sobre o tratamento dos riscos e otimizar a alocação de recursos. Pelo fato de os recursos disponíveis serem limitados, a equipe de gestão de riscos deve assessorar a alta administração, por meio de uma avaliação de ganhos e perdas, acerca da alocação de recursos para mitigar um risco, em comparação a outros riscos. O apoio à tomada de decisão ocorre por meio da priorização de riscos (tendo como base a etapa da análise dos riscos), dos objetivos estratégicos organizacionais e do apetite a risco da empresa.

De forma objetiva, as prioridades são estabelecidas pelas métricas relacionadas ao impacto e à probabilidade. Entretanto, podem ser adicionados critérios subjetivos, previamente estabelecidos como, por exemplo, adaptabilidade, complexidade, velocidade, persistência e recuperação. Os riscos com avaliação de severidade similares podem ser priorizados de forma diferente. Por exemplo: dois riscos podem ser avaliados como "*altos*" na etapa de análise de riscos. Entretanto, pode-se atribuir uma prioridade maior a um deles por causa da maior complexidade ou da menor adaptabilidade.

Assim, a priorização considera a severidade do risco, comparada ao apetite a risco. Ou seja, uma prioridade maior pode ser atribuída àqueles eventos de riscos que se aproximam ou até mesmo excedem o apetite a risco da empresa. A maneira de priorizar o risco, normalmente, embasa a etapa de tratamento. Os tratamentos considerados mais efetivos consideram tanto a severidade, por meio do cruzamento impacto e probabilidade, quanto os critérios subjetivos estabelecidos pela organização. Dessa forma, garante-se que os riscos prioritários têm mais probabilidade de serem os que afetam os objetivos estratégicos da empresa como um todo.

A empresa deve também considerar o apetite a risco durante a priorização. Deve-se atribuir maior prioridade aos riscos que resultam na aproximação da organização ao apetite a risco para um objetivo de negócio específico. Adicionalmente, pode-se atribuir prioridade aos níveis de desempenho que se aproximam dos limites externos da **tolerância a riscos**. Ela está relacionada ao apetite, pois trata-se da variação aceitável do desempenho organizacional. Ela descreve a faixa de resultados aceitáveis relacionados ao alcance de um objetivo de negócio dentro do apetite a risco (COSO, 2017).

A priorização dos riscos ocorre em todos os níveis de uma organização, assim como riscos diferentes podem receber atribuição de prioridades diferentes em níveis organizacionais distintos. Por exemplo, riscos de alta prioridade no nível estratégico podem ser avaliados como risco de baixa prioridade no nível operacional. A empresa deve atribuir a prioridade no nível em que o risco é identificado associando aos responsáveis por gerenciá-lo.

As organizações podem priorizar os riscos de forma agregada quando há um único gestor responsável pelo risco ou quando uma única resposta aos riscos agregados tem condições de ser aplicada. Essa prática permite que os riscos sejam identificados e descritos usando-se uma categoria padrão de risco para toda organização. Como consequência, tem-se um tratamento de riscos mais coerente e eficiente do que seria se cada risco tivesse sido priorizado separadamente.

Os gestores responsáveis pelo risco, também chamados de proprietários dos riscos, são encarregados de tratá-lo com a prioridade atribuída pela empresa e aplicar os tratamentos apropriadas ao risco no contexto dos objetivos estratégicos organizacionais. Os proprietários dos riscos devem ter alçada suficiente para gerenciá-los com base nas suas responsabilidades e na obrigação por prestar contas pela gestão eficaz do risco.

Convém destacar que a empresa deve envidar esforços para priorizar os riscos e gerenciar a alocação dos recursos de acordo com os objetivos estratégicos, evitando os possíveis conflitos de interesses.

1.3.4 Tratamento dos riscos

Para todos os riscos identificados a empresa deve selecionar e implantar um tratamento, também chamado de resposta ao risco. Deve-se considerar a severidade e a priorização dele, assim como o contexto de negócios e os objetivos estratégicos. Ressalta-se que o tratamento dos riscos também está relacionado às metas de desempenho da organização. De acordo com os principais *frameworks*, os tratamentos podem ser divididos em cinco categorias: aceitar, evitar, aceitar e expandir a meta de desempenho, reduzir e compartilhar. Vejamos cada uma delas:

Aceitar: não adoção de medidas para reduzir a probabilidade ou impacto do risco, ou seja, nenhuma ação é tomada para alterar a severidade. Normalmente é utilizado quando o risco possui baixo impacto e baixa probabilidade e está dentro do apetite a risco.

Evitar: não execução das atividades que geram risco. Como, teoricamente, risco zero não existe, esse tratamento demonstra que a organização não foi capaz de identificar uma resposta que o reduzisse para um nível aceitável de severidade.

Aceitar e expandir a meta de desempenho: ação que é tomada para aceitar um risco maior a fim de alcançar um melhor desempenho. Envolve a adoção de estratégias de crescimento mais agressivas à expansão das operações, desenvolvimento de novos produtos e serviços. Trata-se de um tratamento específico previsto no COSO ERM e não na ISO 31000.

Reduzir (ou mitigar): adoção de medidas visando reduzir a probabilidade, o impacto ou ambos, mitigando dessa forma a severidade do risco. É o tipo de tratamento mais comum utilizado pelas organizações, pois envolve as decisões de negócios tomadas diariamente para reduzir o risco para um nível de severidade compatível com o perfil de risco residual, meta e com apetite a risco.

Compartilhar (ou transferir): redução da probabilidade ou do impacto do risco pela transferência ou compartilhamento de parte do evento de risco. Os meios mais comuns são a utilização de empresas terceirizadas e a contratação de seguradoras.

Para que o tratamento seja efetivo, as categorias de resposta ao risco devem ser gerenciadas dentro do contexto de negócio, dos objetivos estratégicos e do apetite a risco da empresa. Destaca-se que, em casos específicos, a organização deve considerar outros tipos de ações, como por exemplo revisar o objetivo de negócio e revisar a estratégia empresarial.

Uma outra linha de ação que pode ser adotada pelas empresas é exceder o apetite a risco. Essa ação pode ser viável, se o impacto de permanecer dentro do apetite for considerado maior do que a potencial exposição ao excedê-lo. Quando uma empresa aceita riscos que se aproximam ou excedem o apetite a risco repetidamente, é ideal que seja realizada uma revisão no seu apetite.

Os tratamentos de riscos alinham o risco residual à tolerância e, por vezes, uma combinação de respostas proporciona um resultado efetivo. Por outro lado, uma ação de tratamento em determinado risco pode afetar outros eventos de risco, sendo necessárias ações adicionais para minimizar o impacto.

Ao selecionar um tratamento aos riscos, a empresa deve monitorá-lo por meio de atividades de controle. Elas são necessárias para assegurar que as respostas aos riscos sejam executadas conforme planejado. Ressalta-se que, em que pese existirem tratamentos e controles, o risco residual sempre existirá. Essa afirmativa é sustentada pelo fato de os recursos serem limitados e principalmente pela incerteza futura inerentes a todas as atividades.

Na etapa de tratamento dos riscos, a empresa deve considerar os custos e benefícios das diferentes respostas ao risco, para que sejam proporcionais à severidade e à priorização deles. As apurações dos custos e benefícios para a seleção e implantação das respostas aos riscos são feitas com base no planejamento estratégico da organização e nas etapas desenvolvidas no processo de gestão de riscos.

Destaca-se que os custos compreendem custos diretos, custos indiretos e custos de oportunidades associados ao uso dos recursos. Os benefícios possuem uma característica mais subjetiva devido à dificuldade de sua quantificação. Entretanto, uma maneira de minimizar a subjetividade é avaliar o benefício de uma resposta ao risco no contexto dos objetivos estratégicos da organização. Convém salientar que em determinados casos, dada a relevância do objetivo estratégico, pode não existir um tratamento do risco que esteja alinhado às apurações de custos e benefícios da empresa. Nestes casos, a organização opta por rever o planejamento estratégico e seus respectivos objetivos estratégicos.

Dentro do contexto de tratamento dos riscos, a empresa não pode deixar de abordar as questões acerca das obrigações regulatórias, mesmo que por vezes não estejam alinhadas às apurações de custos e benefícios. Para que as expectativas das partes interessadas sejam atendidas em sua plenitude, a empresa sempre deve priorizar estar em conformidade com as obrigações legais.

Deve-se frisar que a escolha de uma resposta ao risco pode introduzir novos riscos não identificados previamente ou apresentar impactos indesejáveis. Para os novos riscos, a empresa deve avaliar a severidade e a prioridade, propondo um tratamento específico; para os impactos indesejáveis, deve-se propor ações mitigadoras que estejam alinhadas às apurações de custos e benefícios.

Por outro lado, durante a etapa de tratamento dos riscos, podem surgir novas oportunidades que não haviam sido consideradas anteriormente. A empresa pode identificar respostas inovadoras que, além de apropriadas para o evento de risco específico, podem ser utilizadas como respostas a outros riscos. Nestes casos, é ideal que a empresa relacione as novas oportunidades ao planejamento estratégico organizacional.

1.3.5 Monitoramento dos riscos

A etapa de monitoramento de riscos, apesar de costumeiramente ser apresentada por último, está presente em todas as outras de maneira permanente. Esta etapa possui quatro atividades principais. A primeira é monitorar a implantação dos planos de tratamento de riscos. A segunda é acompanhar os riscos que já foram identificados, avaliando a qualidade dos controles internos. A terceiro é identificar e analisar potenciais novos riscos e a quarta é avaliar a efetividade da gestão de riscos.

Para implantar um processo de gestão de risco existe um custo à organização. Custo financeiro, custo de alocação de pessoal para determinada área e custo de capacitação são alguns exemplos. Por meio do monitoramento é possível identificar que tipo de valor o processo está gerando para organização, como por exemplo diminuição de perdas e cumprimento de determinações legais.

Uma forma prática de realizar o monitoramento é por meio da confecção e execução de cronogramas, respeitando-se a periodicidade das atividades. Nas primeiras etapas é comum que os gestores estejam engajados no processo. Porém, após a confecção das matrizes e do plano de gestão de riscos, caso não haja um esforço da alta administração, o processo permanece estático, sem quaisquer alterações. Entretanto, cabe destacar que o processo de gestão de riscos é dinâmico e contínuo.

Por fim, ressalta-se que o efetivo monitoramento contínuo em todas as etapas do processo de gestão de riscos somente será atingido se houver uma mudança cultural na empresa. Existe a necessidade de haver um engajamento de todos os níveis organizacionais, liderados pela alta administração, para que a empresa, de fato, consiga gerar valor por meio da gestão de riscos.

2

ESTRUTURAS DE GESTÃO DE RISCOS

Em relação às estruturas de gestão de riscos corporativos, as organizações podem optar preferencialmente pela ISO 31000 ou COSO ERM. Ambos oferecem uma estrutura global e fornecem princípios e diretrizes para efetivos às atividades de riscos. As estruturas não são específicas para nenhum tipo de setor de atuação e destinam-se a serem adaptadas para cada órgão.

Em que pese determinados setores possuírem normas ou diretrizes adicionais relacionadas à gestão de riscos corporativos, elas geralmente são publicadas pelos conselhos ou associações do setor. A norma interna da organização deve reconhecê-las e segui-las; porém uma norma específica para empresa dará maior ênfase à necessidade de integrar a gestão de riscos em atividades de negócios e tomada de decisão, com foco nos aspectos humano e cultural da instituição. Cabe ressaltar, que tais aspectos, sem exceção, devem ser levados em consideração na implantação das atividades de riscos corporativos nas organizações.

A complexidade e a estrutura de gestão de riscos selecionada devem ser proporcionais ao tamanho e perfil de risco do negócio, bem como a maturidade geral das atividades de riscos organizacionais. Além disso, cabe aos gestores verificarem legislações específicas do país e regulamentos relacionados com a gestão de riscos; verificarem as diretrizes e normas específicas do setor; conheceram as estruturas ISO 31000 e COSO ERM e obterem adesão dos stakeholders acerca da estrutura a ser utilizada. Convém ressaltar que a utilização de ambas as estruturas e uma opção a ser considerada pelos gestores.

2.1 ISO 31000

A primeira edição da norma *ISO 31000 Risk Management – Guidelines* foi publicada pela *International Organization for Standardization* (ISO) em 2009. Trata-se de uma estrutura que padroniza a gestão de riscos, por meio de sua metodologia, seus conceitos e suas terminologias. Em que pese, até a publicação deste livro, a norma não ser certificável, houve uma notável aceitação no mundo corporativo. Destaca-se ainda que é uma norma que abrange todo tipo de organização, não sendo direcionada a um setor específico (ABNT, 2018).

Devido sua popularização e a natural evolução da pesquisa a respeito do tema, em fevereiro de 2018, foi apresentada uma nova versão da ISO 31000. A atual versão apresenta uma visão mais abrangente e estratégica aos gestores, detalhando os princípios e as metodologias utilizadas na gestão de riscos (BRASILIANO, 2018).

Conforme previsto na ISSO 31000, a metodologia enfoca no estabelecimento de estratégias, no alcance dos objetivos e na tomada de decisões fundamentadas. Sendo assim, a gestão de riscos deve fazer parte da governança corporativa, ser um processo interativo e considerar os contextos internos e externos da organização. A abrangência do modelo visa a criação e proteção de valor da instituição.

Para que uma gestão de riscos seja eficiente, eficaz e consistente, a ISO 31000 orienta que a organização se baseie em três pilares fundamentais: os princípios, a estrutura e o processo. Na Figura 1 é possível identificar os oito princípios apontados pela norma.

Figura 1 – Princípios da gestão de riscos

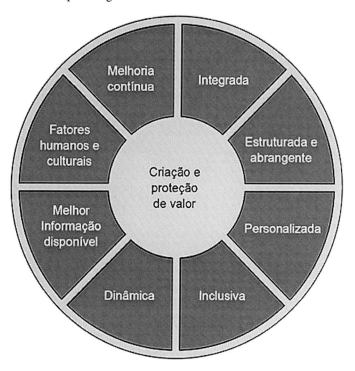

Fonte: ABNT NBR ISO 31000, 2018

Os oito princípios apresentados são considerados basilares para qualquer tipo de gestão de riscos, sendo essenciais para estabelecerem a estrutura e os processos referentes às atividades de gerenciar riscos nas organizações. Eles representam as características que uma gestão de riscos deve ter para que a empresa gerencie os efeitos da incerteza nos seus objetivos.

A ISO 31000 apresenta também cinco componentes para uma estrutura de gestão de riscos. Tais componentes estão exibidos na Figura 2 e devem funcionar em conjunto e alinhados à cultura organizacional da empresa.

Figura 2 – Componente da estrutura de gestão de riscos

Fonte: ABNT NBR ISO 31000, 2018

O desenvolvimento da estrutura proposta engloba a integração, a concepção, a implementação, a avaliação e por fim a melhoria do processo de gestão de riscos, apoiando assim a instituição na governança e nas atividades significativas (ABNT, 2018). Essa estrutura possibilita que as práticas vigentes sejam avaliadas e eventuais lacunas, que impossibilitem a otimização da gestão de riscos, sejam preenchidas (BRASILIANO, 2018).

Na Figura 3 é apresentado o terceiro e último pilar em relação à gestão de riscos baseado na ISO 31000: o processo. Ele envolve a aplicação sistemática de políticas, procedimentos e práticas às atividades de comunicação e consulta, estabelecimento do contexto e avaliação, tratamento, monitoramento, análise crítica, registro e relato de riscos.

Figura 3 – Processo de gestão de riscos

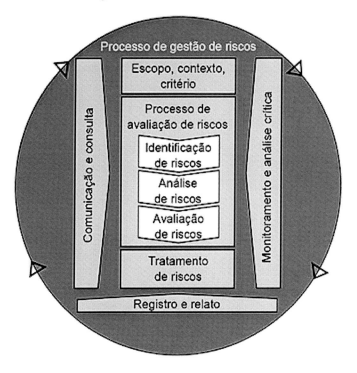

Fonte: ABNT NBR ISO 31000, 2018

Na prática, trata-se de um processo iterativo, podendo ser aplicado nos níveis estratégico, operacional, de programas ou de projetos. Ressalta-se, ainda, que o processo deve se adequar às particularidades de cada organização, para que de fato agregue valor, assessore o gestor na tomada de decisão e auxilie a consecução dos objetivos estratégicos previamente planejados (ASSOCIAÇÃO BRASILEIRA DE NORMAS TÉCNICAS, 2018).

2.2 COSO ERM

Em 1985 foi criada, nos Estados Unidos, a *National Commission on Fraudulent Financial Reporting*, popularmente conhecida como "*Treadway Commission*", em alusão ao sobrenome de seu presidente, o advogado James Treadway Junior. A comissão tinha por objetivo realizar estudos a respeito das fraudes financeiras e contábeis que ocorriam em solo norte-americano (VANASCO, 1999). Era composta pelas cinco maiores associações de profissionais de finanças e contabilidade à época, a saber: *the American Institute of Certified Public Accountants (AICPA), the American Accounting Association (ÀA), the Financial Executives Institute (FEI), the Institute of Internal Auditors (IIA)*, e *the National Association of Accountants (NÀ).*

No início dos anos de 1990, após o sucesso do trabalho realizado pela *"Treadway Commission"*, seus representantes decidiram expandir os trabalhos e a transformaram em um comitê, o *Committee of Sponsoring Organizations of the Treadway Commission* (COSO). Desde então, o objetivo do comitê é desenvolver estruturas abrangentes e orientações sobre controle interno, gestão de riscos corporativos e prevenção a fraudes, projetadas para aprimorar o desempenho e a supervisão organizacional e reduzir ações fraudulentas nas organizações (COSO, 2017).

O primeiro modelo apresentado pelo comitê foi a estrutura *COSO Internal Control – Integrated Framework*, em 1992, conhecido como COSO 1 e que versava sobre procedimentos referentes aos controles internos. No entanto, somente em 2004 foi apresentado um modelo específico a gestão de riscos, o *COSO Entreprise Risk Management – Integrated Framework*. Apesar de ser conhecido como COSO 2, a estrutura voltada a gestão de riscos não é uma nova edição do COSO 1 (Controles Internos). Na realidade são estruturas que se complementam. Tanto é verdade que a última atualização do chamado COSO 1 ocorreu em 2013 e a do COSO 2 em 2017. Baseado nesse breve histórico e nos objetivos desta obra, a abordagem se limita a destacar as características gerais da estrutura apresentada em 2017, o *COSO Entreprise Risk Management - Integrating with Strategy and Performance*, ou apenas, COSO ERM.

Conforme o Committee of Sponsoring Organizations of the Treadway Commission (2017), a estrutura ressalta a necessidade de se considerar os riscos no processo de definição da estratégia e na avaliação do desempenho, sendo fundamental a integração dessas duas áreas. O processo de gestão de riscos é um sistema integrado de planejamento estratégico, monitoramento contínuo, aprendizado e melhoria de desempenho organizacional.

O COSO ERM destaca a importância de se ter uma definição de objetivos estratégicos alinhados à missão, visão e valores da organização para o fortalecimento de seu desempenho, conforme apresentado na Figura 4.

Figura 4 – Alinhamento entre risco, estratégia e desempenho

Fonte: adaptado do Committee Of Sponsoring Organizations Of The Treadway Commission, 2017

A possibilidade de não alinhamento entre a missão, a visão e os valores da organização com seu planejamento estratégico devem ser verificados por meio da gestão de riscos, pois, caso se concretize, podem afetar negativamente o desempenho da empresa e comprometer o alcance aos objetivos estratégicos.

Destaca-se também a estrutura (Figura 5) que ressalta a importância do emprego da gestão de riscos na definição da estratégia alinhada à missão, valores e visão, e aponta que o sucesso para um desempenho operacional gerador de valor se materializa por meio da integração e equilíbrio de todos os departamentos e funções da organização.

Figura 5 – Estrutura COSO ERM

Fonte: adaptado do COSO, 2017

Na parte inferior da Figura 5 é possível identificar cinco componentes inter-relacionados. Tais componentes abrangem todos os vinte princípios que compõem a estrutura. Estes princípios são apresentados no Quadro 1 e cobrem todo o entendimento entre as atividades de governança e monitoramento, servindo como um guia para que as instituições se adequem às melhores práticas de mercado (COSO, 2017).

Quadro 1 – Componentes e princípios do COSO ERM

Componente 1	**Governança e Cultura**
Princípios	1. Exercitar a responsabilidade de supervisão do Conselho sobre os riscos estratégicos e operacionais
	2. Estabelecer estruturas operacionais compatíveis com a estratégia
	3. Definir a cultura desejada
	4. Demonstrar compromisso com os Valores Fundamentais da corporação
	5. Atrair, desenvolver e manter indivíduos capazes para a execução de suas obrigações
Componente 2	**Estratégia e o estabelecimento dos objetivos**

Princípios	6. Analisar o contexto empresarial e de negócio
	7. Definir o apetite ao risco
	8. Avaliar as estratégias alternativas existentes
	9. Formular os objetivos do negócio alinhado a missão, visão e valores
Componente 3	**Desempenho**
Princípios	10. Identificar o Risco
	11. Avaliar a magnitude do Risco
	12. Priorizar Riscos
	13. Definir e implementar as respostas aos riscos
	14. Desenvolver a visão de portfólio para riscos
Componente 4	**Análise e Revisão**
Princípios	15. Avaliar as mudanças significativas
	16. Revisar riscos e desempenho
	17. Buscar a melhoria na gestão de riscos empresariais
Componente 5	**Informação, comunicação e relatórios**
Princípios	18. Alavancar a informação por meio da tecnologia
	19. Comunicar informações sobre riscos
	20. Elaborar relatórios sobre risco, cultura e desempenho

Fonte: o autor

Por fim, enfatiza-se que as empresas, para realizarem uma gestão de riscos de acordo com os componentes e princípios estabelecidos pelo COSO ERM, devem aprender a lidar com a proliferação e volume de dados, entender o impacto causado pelas novas tecnologias e gerenciar a relação custo *versus* benefício dos processos de governança corporativa.

3

FATORES CRÍTICOS DE SUCESSO (FCS)

3.1 CONCEITO

Em meados do século XX, o entendimento de FCS foi apresentado à comunidade acadêmica pelo pesquisador Ronald Daniel (1961), por meio do artigo *Management information crisis*, publicado pela *Havard Business Review*. Para o pesquisador, a gestão da informação baseada nos FCS reduziria os efeitos de uma crise devido à rápida mudança organizacional.

Posteriormente, em 1979, John Fralick Rockart aprimorou as ideias de Daniel e, na mesma *Havard Business Review*, publicou o artigo *Chief Executives define their own data needs*, que descrevia os FCS no nível organizacional e industrial e os definiu como sendo áreas nas quais os resultados, se satisfatórios, irão assegurar um desempenho competitivo de sucesso para a organização. São consideradas áreas-chave em que as atividades devem dar certo para que o negócio floresça. O rol de FCS deve ser restrito às atividades que façam a diferença entre o sucesso e o fracasso dos negócios, para que de fato, os gestores possam concentrar suas atenções nesses processos (BULLEN; ROCKART, 1981).

Seguindo a mesma linha de raciocínio, Freund (1988) define os FCS como sendo áreas-chave de desempenho que são essenciais para a organização cumprir sua missão e necessárias para reduzir o fluxo de informações aos gestores e fazê-los perceber quais são os aspectos mais importantes para executar seus negócios. Para o autor, os FCS são mais do que apenas princípios orientadores; são componentes importantes de um planejamento estratégico que deve ser seguido, visando atingir as metas e objetivos da organização.

Dentro do planejamento estratégico, sabe-se que o alinhamento entre os FCS e a capacidade de integração e sofisticação da tecnologia da informação (TI), melhora o desempenho da organização. Além disso, o compromisso da alta administração, a estrutura organizacional adequada ao negócio e as equipes preparadas e integradas são considerados requisitos essenciais ao sucesso das empresas, fazendo com que haja economia de tempo e dinheiro, reduzindo os riscos de negócio. Conforme Berssaneti e Carvalho (2015), o suporte da alta administração é um dos FCS que mais se destacaram em pesquisa realizada em organizações brasileiras.

Ressalta-se que um planejamento que leve em consideração os FCS incentiva a exploração de estratégias de implantação mais apropriadas, auxiliando as organizações a gerenciarem seus recursos de uma maneira eficaz. Segundo Sanchez e Robert (2010), os FCS constituem os locais em que os gestores devem concentrar os esforços para manutenção da competitividade da empresa perante o mercado em que está inserida. O foco neles explicita as variáveis em que os responsáveis pela gestão de negócio devem dirigir as ações, com a finalidade de cumprir a missão organizacional.

Os FCS necessitam ser periodicamente reavaliados para que estejam sempre alinhados com os indicadores de desempenho estipulados no plano de gestão e, consequentemente, adequados aos objetivos estratégicos (MOREIRA, 2013). O dinamismo dos FCS auxilia as instituições a atentarem as variações das atividades que possam interferir nos projetos previamente planejados. No âmbito específico da gestão de riscos, apesar de existirem poucas pesquisas sobre os FCS que o influenciam, o tema é reconhecido pela literatura como um novo paradigma a ser estudado, tendo em vista a possibilidade de se considerar, durante a fase de planejamento, o desenvolvimento de programas com foco nos riscos de negócio e as ações alinhadas aos principais FCS, levando-se em consideração os seus impactos sobre os objetivos planejados (OLIVEIRA, 2016).

3.2 IDENTIFICAÇÃO DOS FCS

De acordo com o que fora pesquisado na literatura acadêmica, é possível apresentar sete FCS aos negócios das organizações. O primeiro é o suporte da alta administração nas atividades gerenciais. As maiores preocupações da alta administração estão relacionadas aos custos de implantação dos processos e ao retorno a ser obtido pela organização (AZIZ; MANAB; OTHMAN, 2016). Em virtude disso, é essencial que ao longo do desenvolvimento dos processos gerenciais, a participação da alta administração seja efetiva. Reuniões periódicas, divulgação de políticas e definição de cronograma são exemplos de envolvimento da alta administração. Em relação à gestão de riscos, ela deve prover aos gestores os elementos necessários à implantação e manutenção das atividades, assegurando que a organização amadureça na gestão e desenvolva uma cultura de riscos (BRASILIANO, 2018).

O segundo FCS é a existência de uma estrutura formal de governança corporativa. Trata-se da formalização de um sistema pelo qual as empresas são coordenadas, supervisionadas e incentivadas, envolvendo os relacionamentos entre os *stakeholders* (GATES, 2006). Por meio da governança corporativa, que alia ao menos auditoria interna, *compliance*, controles internos e gestão de riscos, as políticas das organizações podem ser convertidas em ações objetivas que, a longo prazo sedimentam a posição da organização em seu setor de atuação, auxiliando dessa forma para a longevidade da instituição (RIBEIRO, 2018).

Os objetivos estratégicos almejados pela organização são o terceiro FCS identificado. A gestão de riscos visa alcançar os objetivos estratégicos (ABNT, 2018). Assim, é necessário que as organizações tenham seus objetivos estratégicos claramente determinados para que sejam estabelecidos sistemas de gestão adequados ao negócio. Esses objetivos, imprescindíveis ao planejamento corporativo, devem considerar os indicadores de desempenho e critérios quantificáveis para que se tenha uma análise global de toda a companhia.

O quarto FCS é a integração entre as funções organizacionais. O processo de gestão de riscos, por exemplo, deve ser integrado e possuir capilaridade por toda empresa (ALOINI; DULMIN; MININNO, 2007). Quando as etapas são abordadas e tratadas isoladamente, o processo não funciona de maneira otimizada, servindo somente para cumprir uma determinação prevista em regulamento interno. A gestão integrada dos riscos deve estar inserida na cultura da organização, auxiliando na garantia da eficácia da empresa e na criação de valor aos *stakeholders* (REITSMA; HILLETOFTH, 2018).

A implantação de *softwares* de apoio à tomada de decisão foi identificada como quinto FCS. A capacidade gerencial em uma organização está relacionada com o avanço da tecnologia da informação (SAFA *et al.*, 2016). A utilização de soluções estruturadas e integradas proporciona uma gestão com maior transparência e consistência. Uma visão completa das etapas da gestão de riscos, com atualização constante e compartilhamento das informações entre as partes interessadas, favorece a eficiência e a segurança do processo (BRASILIANO, 2018).

A capacitação continuada dos integrantes da organização é o sexto FCS identificado. A capacitação dos funcionários que exerçam, direta ou indiretamente, atividades relacionadas à gestão empresarial deve ocorrer de forma sistemática e contínua (COOKE-DAVIES, 2002). É fundamental que a alta administração compreenda a importância do aperfeiçoamento intelectual e difunda esta cultura por toda empresa. O investimento em treinamento e capacitação dos recursos humanos melhora o desempenho da equipe e potencializa os resultados obtidos pela organização (RIBEIRO, 2018).

Por fim, o sétimo FCS é a comunicação aberta e constante aos *stakeholders* sobre o desenvolvimento das atividades gerenciais. A comunicação é uma ferramenta de divulgação que facilita a aplicação das atividades gestão de riscos. O compartilhamento das informações com os *stakeholders*, além de aumentar a transparência e divulgar a evolução dos processos, permite um aperfeiçoamento das práticas implantadas, sendo essencial para o sucesso da gestão de riscos (OLIVA, 2016).

Identificar os FCS agrega valor tanto ao meio acadêmico, pelo fato condensar as ideias de diversos pesquisadores que focaram seus estudos no tema, quanto no meio corporativo, pelo fato de servir como uma trilha para assessorar os gestores na alocação de recursos humanos e financeiros.

Quadro 2 – FCS identificados na literatura

Fator Crítico de Sucesso (FCS)
Suporte da alta administração
Estrutura formal de governança corporativa
Objetivos estratégicos almejados pela organização
Integração entre as funções organizacionais
Softwares de apoio à tomada de decisão
Capacitação continuada
Comunicação aberta e constante aos *stakeholders*

Fonte: o autor

4

SISTEMAS DE APOIO À GESTÃO DE RISCOS

Além do próprio tema central deste livro, é importante destacar quatro sistemas que apoiam à gestão de riscos nas organizações: sistemas *Enterprise Resource Planning* (ERP), gestão de desempenho, gestão da qualidade e gestão de compliance. Os sistemas ERP coordenam as informações referentes aos processos operacionais, administrativos e de gestão presentes nas organizações. Eles dão suporte à realização da gestão de desempenho, que é a prática gerencial que visa a melhoria dos resultados da organização, por meio da gestão de qualidade. Alinhando-se a esses aspectos, está a gestão de compliance que se caracteriza por princípios, práticas e técnicas que, apesar de serem amplos e indicados a quaisquer empresas, variam de acordo com as particularidades e culturas de cada organização.

4.1 ENTERPRISE RESOURCE PLANNING (ERP)

Os sistemas ERP são sistemas que visam coordenar as informações que dizem respeito aos processos operacionais, administrativos e de gestão presentes nas organizações (ROBEY; ROSS; BOUDREAU, 2002). Por meio da administração integrada de recursos, mapeamento automatizado dos processos e aprimoramento contínuo do fluxo de informações, colaboram para que as instituições sejam eficientes.

Em linhas gerais os sistemas ERP são modulados para interligarem as áreas-chave de uma empresa como, por exemplo, finanças, aquisições, linha de produção e recursos humanos. Sendo assim, tem a capacidade de armazenarem as transações administrativas e comerciais feitas, mantendo um histórico disponível para consulta e acompanhamento das operações (UMBLE; HAFT; UMBLE, 2003). Isso permite que a alta administração obtenha uma visão geral da empresa, auxiliando dessa maneira nas tomadas de decisões.

Ressalta-se ainda que, por se adequar às características da empresa e possuir abrangência funcional, o sistema ERP promove a integração da cadeia produtiva. Os ganhos operacionais advindos da padronização de informações, aparecem de maneira mais acentuada nas organizações que possuem filiais dispersas fisicamente, evidenciando assim mais um benefício do sistema.

A adoção do sistema ERP pelas organizações se deve ao fato de elas estarem insatisfeitas com a utilização de diversos sistemas isolados, necessitarem informações em curto período, aumentarem a vantagem competitiva entre os concorrentes e requererem uma ferramenta de apoio à tomada de decisão. Essas demandas refletem diretamente no sucesso das organizações, pois atuam diretamente na estrutura de negócios delas e aumentam a comunicação e capacidade de resposta junto aos *stakeholders* (RAM; CORKINDALE; WU, 2013).

Entretanto, por ser um sistema complexo e as informações serem centralizadas em uma mesma base de dados, a integração e fluxo de todas as informações é um desafio a ser enfrentado pelo sistema ERP. Se por um lado essa capilaridade necessária por toda a organização é vantajosa, pois integra as principais funções de gestão da empresa, por outro, requer que o sistema ERP seja uma plataforma de operações ágil, confiável e ininterrupta.

A implantação do sistema ERP é uma fase crítica, pois se o sistema não for dimensionado às conveniências da organização pode acarretar custos elevados não planejados, pondo em risco a continuidade dos negócios. Existe a necessidade de se realizar um planejamento e uma gestão adequados (SUN; NI; LAM, 2015). Pesquisas relacionando os FCS aos sistemas ERP tornam-se frequentes pelo fato de auxiliarem na diminuição de problemas relacionados à sua implantação.

O estudo realizado por Leandro *et al.* (2017) buscou identificar os FCS para implantação de sistemas ERP nas instituições públicas de ensino brasileiras. Após a realização de uma revisão de literatura, os autores aplicaram um questionário a especialistas em sistemas ERP com a finalidade de identificar os FCS mais relevantes durante as fases de implantação.

O resultado obtido pelos pesquisadores revelou que na fase da pré-implantação, os FCS mais relevantes foram: apoio da alta gestão, projeto com objetivos claros e a tecnologia da informação utilizada antes do sistema ERP. Na fase de implantação: treinamento e educação, apoio dos fornecedores e confiabilidade dos dados e, finalmente, na fase pós-implantação: análise das respostas dadas pelo usuário, confiabilidade dos dados e apoio dos fornecedores. Por fim, os autores sugeriram que o estudo fosse aplicado em outros tipos de instituições para que fossem realizadas comparações e acrescentadas novas informações ao tema de pesquisa.

Chugh *et al.* (2017) realizaram um trabalho com objetivo de explorar e documentar as lições aprendidas nas implantações de sistemas ERP, visto que muitas falharam globalmente e resultaram em milhões de dólares desperdiçados. A partir de um estudo de caso único em uma empresa australiana de recursos naturais, os pesquisadores categorizaram os riscos de fracasso em quatro categorias: pessoas, estratégia, tecnologia e gestão. Concluíram que se as organizações envidarem esforços nessas quatro áreas, as chances de sucesso de uma implantação aumentarão. No entanto, sugeriram ampliação do tipo de pesquisa a outros setores, visando reduzir possíveis vieses.

A pesquisa realizada por Reitsma e Hilletofth (2018) visava avaliar os FCS para implantação de um sistema ERP a partir da perspectiva do usuário. Após realizarem a revisão de literatura, os autores coletaram os dados por meio de um questionário e posteriormente classificaram os FCS em ordem de importância, a saber: equipe de projeto, possibilidades técnicas, tomada de decisões estratégicas, treinamento e educação, personalização mínima, teste de software e medição de desempenho.

Os autores destacaram que o envolvimento da alta gerência e a gestão de mudanças organizacionais, apesar de estarem presentes na revisão de literatura, não são importantes na implantação de um sistema ERP na perspectiva do usuário. Por fim, os autores ressaltaram que a pesquisa deve ser difundida em outras organizações e países, para que outros contextos sejam analisados. Concluíram que uma melhor compreensão da perspectiva do usuário em relação aos FCS para a implantação do sistema ERP pode contribuir para projetos mais eficazes, uma implantação mais bem sucedida e uma operação mais eficiente.

Por fim, destaca-se que os sistemas ERP estão diretamente relacionados aos FCS identificados neste livro, visto que podem otimizar a integração funcional de uma organização, desenvolvendo a maneira mais eficiente de gerir os recursos. Os sistemas ERP são uma fonte de dados essencial para uma gestão de desempenho; fornece à alta administração a visibilidade dos dados, permitindo que ela identifique quais partes dos processos são mais produtivas e quais necessitam melhorias (SHATAT; UDIN, 2012).

4.2 SISTEMA DE GESTÃO DE DESEMPENHO

Segundo Otley (1999), a palavra desempenho era utilizada inicialmente como sendo a avaliação do rendimento de maquinários e equipamentos das indústrias. Entretanto, com a evolução das pesquisas e novas aplicações, sua definição mais comum é a aplicação dos recursos humanos em busca do desenvolvimento organizacional.

De acordo com essa perspectiva humana em relação ao desempenho, verifica-se que se trata de uma atitude intencional de otimização das competências que viabiliza o alcance dos resultados e agregue valor ao negócio, permitindo a manutenção das vantagens competitivas (DUTRA, 2014).

Destaca-se que os principais componentes para avaliação do desempenho são a competência e o potencial humano. A competência, que pode ser definida como característica para realizar determinada atividade e o potencial humano, que pode ser definido como a soma de recursos internos de uma pessoa, quando estimulados e canalizados em prol da organização, agregam valores a ela e auxiliam no alcance dos objetivos estratégicos.

Assim, a gestão de desempenho pode ser considerada como sendo uma prática gerencial que visa a melhoria dos resultados da organização (DUTRA, 2014). Deve ser entendido como um processo que reúne as atividades referentes ao planejamento e à monitoração do desempenho dos trabalhadores, englobando os escopos estratégico, administrativo e de desenvolvimento.

Segundo Noe *et al.* (2016), o escopo estratégico se refere ao planejamento do desempenho como, por exemplo, a definição das metas e os parâmetros a serem atingidos pela equipe. Já o escopo administrativo se refere às decisões que são tomadas a partir das informações de desempenho como, por exemplo, salários, demissões e gratificações. Por fim, o escopo de desenvolvimento se refere às ações que visam identificar opções de progresso na instituição como, por exemplo, plano de carreira, capacitações e formação de líderes.

Para Akhtar e Sushil (2018), a gestão de desempenho de negócios descreve os processos, metodologias, métricas e sistemas necessários para medir e gerenciar o desempenho de uma empresa. Os sistemas tradicionais de gestão de desempenho foram baseados em medidas financeiras e de produtividade, mas as medidas alternativas propostas nos últimos 25 anos têm foco estratégico e incorporam diversas medidas de desempenho como eficiência, eficácia, produtividade, qualidade, satisfação do cliente, inovação e satisfação dos funcionários.

A gestão de desempenho tem a finalidade de reconhecer os fatores críticos que possam prejudicar sua realização, tais como: delegação de tarefas incompatíveis com a qualificação do empregado, ausência de integração entre as funções da organização e falta definição de uma governança corporativa.

O estudo desenvolvido por MacBryde *et al.* (2014) apresenta a transformação estratégica em uma base naval. Destacam que a utilização de um sistema robusto de gestão de desempenho dentro da organização resultou em um progresso significativo em direção aos objetivos estratégicos. Na mesma linha de raciocínio, o trabalho realizado por Liu *et al.* (2015), que discute os fatores que contribuem para o sucesso e o fracasso dos projetos de infraestrutura, conclui que a implantação de uma medição eficaz do desempenho dos projetos é fundamental para uma atividade bem sucedida.

A pesquisa realizada por Almarri e Boussabane (2017) tinha como objetivo investigar quais FCS são bons indicadores de desempenho em projetos de parceria público-privada (PPP). Os resultados demonstraram que a viabilidade técnica do projeto, o apoio social e a avaliação do mercado financeiro local contribuem significativamente para o desempenho no tempo. A avaliação da relação custo *versus* benefício contribuiu significativamente para o desempenho de qualidade. Por fim, a alocação adequada de riscos e os objetivos de benefícios múltiplos de todas as partes interessadas foram considerados indicadores significativos do desempenho do serviço.

Em suma, é possível destacar que a gestão de desempenho, além de englobar as atividades relacionadas aos sistemas ERP, tem papel fundamental no suporte a alta administração e no alcance dos objetivos estratégicos almejados pela organização, identificados como FCS aos negócios das organizações.

4.3 SISTEMA DE GESTÃO DA QUALIDADE

A qualidade dos serviços e dos produtos está relacionada com a maneira pela qual as organizações desempenham suas atividades básicas na cadeia de produção (CARVALHO *et al.*, 2005). Qualidade é o grau de satisfação de requisitos dados por um conjunto de características intrínsecas (ABNT, 2015a) e deve ser encarada de forma estratégica pela organização (JURAN; GRYNA, 1988). Gerenciando a qualidade criam-se condições reais de se competir no mercado e sustentar uma vantagem competitiva em longo prazo.

Neste contexto, a gestão da qualidade é um tipo de gestão focado na qualidade da produção e dos serviços de determinada organização, englobando o planejamento, controle, garantia e melhoria dos processos. Essa gestão se caracteriza por princípios, práticas e técnicas que, apesar de serem amplos e indicados para todo tipo de organização, variam de acordo com as particularidades e culturas de cada empresa.

Os princípios da gestão da qualidade são: foco no cliente, liderança, engajamento das pessoas, abordagem de processo, melhoria, tomada de decisão baseada em evidência e gestão de relacionamento. As práticas de gestão da qualidade aprimoram os processos organizacionais com a finalidade de atingir os objetivos da qualidade propostos nas diretrizes da organização. A aplicação da melhoria contínua nos processos é viabilizada pelo método PDCA (*Plan – Do – Act – Check*), que consiste no estabelecimento de um sistema cíclico aplicado sucessivamente nos processos da organização (ABNT, 2015b).

Uma estrutura que viabiliza a implantação da gestão da qualidade é a norma ISO 9001, que estabelece requisitos para o Sistema de Gestão da Qualidade (SGQ) de uma organização, sendo direcionada para aplicação interna, certificação e fins contratuais (CARVALHO *et al.*, 2005). Para adquirir a certificação, a organização deve adequar seus princípios da gestão aos requisitos estabelecidos pela norma. A conquista da certificação representa um atestado de reconhecimento nacional e internacional à qualidade da gestão da empresa. Entretanto, devido sua popularização e aceitação no mundo corporativo, atualmente não é considerada um elemento diferencial; é praticamente uma certificação necessária à sobrevivência das empresas no mercado (HERAS-SAIZARBITORIA; BOIRAL, 2013).

O incentivo a uma mentalidade de risco nas empresas, previsto na edição do ano de 2015 da ISO 9001, na realidade objetiva orientá-las para um pensamento sobre as ameaças e oportunidades existentes por ocasião das tomadas de decisões (CAGNIN; OLIVEIRA; SIMON, 2016). Agindo tempestivamente, a organização garante a qualidade do produto ou serviço, com base na estratégia organizacional e atinge os resultados planejados.

Bacivarov *et al.* (2016) analisaram as atualizações propostas pela versão mais recente da ISO 9001 e consideraram que o pensamento focado no risco pode ser o início de uma nova era no desenvolvimento dos sistemas de gestão da qualidade. Rybski *et al.* (2017) também analisaram as mudanças entre as duas últimas revisões da ISO 9001, concluindo que a aplicação da versão de 2015, ao considerar o risco em toda a organização, aumenta a probabilidade de a empresa alcançar os objetivos planejados e obter maior credibilidade junto aos clientes.

Outro aspecto relevante é a adequação das empresas à nova mentalidade baseada em riscos. Fonseca (2015) analisa os desafios a serem enfrentados pelas organizações já certificadas, como por exemplo a adequação a um ambiente de mercado mais complexo, exigente e dinâmico e a busca por um modelo que leve em consideração os requisitos associados ao risco. Neste sentido, Parra-López *et al.* (2016) propuseram um estudo que avaliasse as condicionantes de uma implantação do SGQ atendendo aos requisitos da ISO 9001 e concluíram que as equipes de gestão e supervisão das empresas precisam ser mais dinâmicas e dispostas a assumir riscos.

Considerando o aspecto da implantação dos requisitos de gestão de riscos na ISO 9001, Wong (2017) destaca que as organizações devem realizar uma revisão inicial do processo, identificar os riscos potenciais e iniciar uma gestão de riscos contínuo. O autor conclui que por meio de avaliações regulares pode-se aumentar a eficácia do SGQ e prevenir efeitos negativos.

O estudo de Chiarini (2017) que visava categorizar as fontes de riscos de acordo com o requisito de pensamento baseado em riscos para Pequenas e Médias Empresas (PME) europeias mostrou que as principais fontes de risco são: confecção de produtos defeituosos, empregados mal treinados e falta de avaliação baseada em risco. O autor conclui que os resultados obtidos auxiliarão os gerentes de qualidade por ocasião da nova abordagem requerida pela ISO 9001.

Por fim, ressalta-se o alinhamento direto da gestão da qualidade com a identificação de como o processo de gestão de riscos e os FCS impactam os resultados das organizações. A análise da literatura permite compreender que a gestão da qualidade deve atuar tanto no processo de gestão de riscos quanto nos FCS para que as empresas alcancem os resultados esperados.

4.4 SISTEMA DE GESTÃO DE COMPLIANCE

A palavra compliance é oriunda da língua inglesa (verbo *to comply*) e se refere ao cumprimento das leis, normas e regulamentos, tanto internos quanto externos, que direcionam uma instituição, considerando os fatores éticos e de integridade na relação entre os gestores, colaboradores e as demais partes interessadas (ABNT, 2021).

A definição de compliance é "a ação de cumprir um comando" ou "o estado de cumprimento de regras ou padrões". Em relação às organizações, pode ser definido como o processo de garantir que a organização e seus funcionários sigam as leis, regulamentos, padrões e práticas éticas que se aplicam à instituição e ao setor de atuação. O compliance abrange políticas e procedimentos internos, bem como normas governamentais. Reforçar o compliance ajuda a organização a prevenir e detectar violações de regras, protegendo-a de multas e ações judiciais (WESTHAUSEN, 2021).

O processo de compliance deve ser contínuo. As organizações devem estabelecer um programa para controlar de forma consistente e precisa suas políticas de compliance ao longo do tempo. O objetivo é proteger o negócio. O retorno do investimento pode ser significativo, auxiliando a evitar desperdícios, fraudes, abusos, discriminação e outras práticas que interrompam as operações ou submetam as organizações aos riscos reputacionais, principalmente. O programa de compliance precisa ser integrado a todos os esforços de conformidade em toda a organização, desde o gerenciamento de regulamentações externas e políticas internas até o treinamento abrangente de funcionários. Ao garantir que todos os departamentos e funcionários estejam trabalhando de maneira uniforme para manter os padrões, os riscos de falhas e violações são mitigados.

Um programa eficaz melhora a comunicação entre a liderança e a equipe. Deve incluir um processo para criar, atualizar, distribuir e rastrear políticas de compliance, para que de fato os gestores conheçam as regras e regulamentos institucionais. Entendidas as expectativas, a equipe mantém o foco nos objetivos mais amplos da organização e em ajudar as operações a funcionarem de forma assertiva. Além disso, quando os funcionários são devidamente treinados sobre os requisitos de compliance, é mais provável que reconheçam e denunciem atividades ilegais ou antiéticas.

Um ambiente organizacional baseado nas atividades de compliance faz com que a organização atinja seus objetivos mais rapidamente, os gestores entreguem melhores resultados e os clientes sintam mais satisfeitos (SAFA; VON SOLMS; FURNELL, 2016). Mesmo nos casos em que a organização enfrente ações judiciais, o programa de compliance auxiliará na defesa da instituição, pois a organização que faz um esforço robusto para prevenir e detectar violações da lei por parte de seus funcionários e terceiros, será tratada com menos severidade do que uma que foi indiferente ao cumprimento da lei.

No entanto, convém destacar que o compliance, como investimento corporativo, além de seguir o dever da gestão à legalidade, deve agregar valor em favor dos *stakeholders*. A medição do valor de conformidade é um ponto a ser explorado na teoria e pesquisa científica, bem como na prática corporativa, pois a função de compliance deve ser capaz de demonstrar seu valor para a administração, acionistas, bem como todas as partes interessadas, justificando e fortalecendo seu papel, e aumentando a eficácia do programa de compliance.

Empresas de todos os tipos e tamanhos enfrentam o dilema da conformidade. Por um lado existe a crença de que os problemas podem ser resolvidos com normas e leis. Por isso, criam-se cada vez mais normas, e as alteram frequentemente. Por outro, é que um maior número de normas, além de gerar mais complexidade às atividades, tem um custo de execução ou implantação maior às organizações (LEONELLI, 2021).

No contexto do compliance, destaca-se que as organizações devem seguir as legislações expedidas pelos governos, bem como as normas do setor de atuação e as obrigações voluntárias. Regras internas, como diretrizes, instruções de trabalho e códigos de conduta também estão incluídas. Por intermédio de um sistema de gestão de compliance específico e baseado em padrões reconhecidos como a ISO 37301 – Sistema de Gestão de Compliance, as organizações podem ter uma abordagem multinível e sistemática acerca do compliance. No entanto, quando os custos de implantação se tornam visíveis, a alta administração fica mais reservada sobre o desenvolvimento do sistema de gestão de compliance.

Questionamentos sobre a quantidade de funcionários para área de compliance e as atividades a serem realizadas são enfrentados pela equipe responsável de estruturar o sistema. O apoio da alta administração é indispensável para que o sistema não seja implantado de forma incompleta, sendo assim menos eficaz ou até mesmo ineficaz. Assim, as empresas devem quantificar o valor do compliance, de modo que o compliance não seja entendido como um custo fator mais, mas como valor agregado, por exemplo, para o aumento da competitividade.

Dependendo do tamanho da organização ou da complexidade do setor de atuação, as atividades de compliance devem ser atribuídas a um responsável ou uma equipe de gestores. Independentemente disso, os responsáveis pelo programa de compliance devem ter autoridade para fazer cumprir as regras e responsabilizar os funcionários em todos os níveis. Precisam de acesso direto ao corpo diretivo da organização, que pode incluir a alta administração ou o conselho de administração.

Como o compliance deve promover uma cultura organizacional que valorize a integridade e a conduta ética, o acesso à gerência sênior e a autoridade para aplicar as regras é essencial quando surgem possíveis problemas de compliance, capacitando seus executivos a responder rapidamente. Além disso, é importante que o corpo diretivo avalie regularmente a eficácia do programa de compliance. Para que o programa funcione, seus líderes precisam seguir as regras (FORD, 2008). Eles devem incentivar o comportamento ético e falar abertamente sobre a importância da conformidade.

A alta administração deve incentivar a participação dos funcionários, enfatizando que não ocorrerão punições por relatos de comportamento ilegal ou antiético. Para criação de um programa eficaz, é necessário identificar quais áreas de compliance representam os maiores riscos para organização e concentrar os esforços de trabalho nelas. Como as regulamentações governamentais, bem como os padrões do setor, estão em constante evolução, para evitar o risco de não conformidade, é importante realizar avaliações regulares. Um processo de avaliação formal auxilia a organização a ser proativa na prevenção de violações de conformidade.

Outro aspecto a ser destacado é o estabelecimento de um código de conduta, políticas e padrões da organização. O programa de compliance precisa de um código de conduta bem definido, para que ajude a definir o propósito do compliance e as expectativas de comportamento dos gestores. O código de conduta funciona como base e deve explicar necessariamente os seguintes pontos:

equipe responsável pela gestão do programa, maneira pela qual os gestores devem denunciar má conduta e as medidas disciplinares por violação do código de conduta.

As políticas geral e específicas devem se basear no código de conduta, fornecendo diretrizes para áreas específicas de compliance. Identificadas as áreas de riscos e as políticas, deve-se estabelecer procedimentos para que os gestores executem as políticas corretamente. A criação de diretrizes facilita o acompanhamento dos procedimentos e a identificação de não conformidades. Toda a organização deve ser capacitada sobre leis, regulamentos, políticas e condutas proibidas. Dependendo do porte e complexidade da organização, pode-se realizar treinamentos específicos para gestores em áreas de alto risco.

Para que as organizações desenvolvam e disseminem as atividades de compliance é fundamental a implantação de um sistema de gestão de compliance. Neste estudo, o padrão utilizado é a ISO 37301 – Sistema de Gestão de Compliance, pois além de ser certificável, atualmente é a estrutura internacional de referência para que as organizações adequem seus programas de compliance (ABNT, 2021). Os requisitos e as orientações previstas na ISO 37301 são adaptáveis e a implantação pode diferir dependendo do porte e nível de maturidade da gestão organizacional, assim como do contexto, natureza e complexidade das atividades e objetivos estratégicos da organização.

5

CASOS PRÁTICOS EM ORGANIZAÇÕES BRASILEIRAS

Este capítulo tem a finalidade de apresentar os aspectos gerais da pesquisa realizada junto às organizações brasileiras para que o objetivo de identificar como o processo de gestão de riscos impacta os resultados das organizações seja apresentado ao leitor de forma prática. Trata-se de uma abordagem estruturada na condução de estudos de casos que visa investigar informações do cotidiano das instituições e servir de base para gestores dos setores público e privado.

5.1 ASPECTOS GERAIS DA PESQUISA

Segundo Creswell (2014), as abordagens de pesquisas podem ser classificadas em qualitativas, quantitativas ou mistas. A seleção de uma abordagem de pesquisa baseia-se na questão de pesquisa que está sendo estudada, nos objetivos a serem alcançados e na experiência acadêmica do pesquisador.

A abordagem qualitativa tem como preocupação fundamental o estudo e a observação do mundo empírico em seu ambiente natural. A atividade de pesquisa abrange os dados coletados no ambiente do participante, a análise indutiva dos dados formada a partir das particularidades dos temas gerais e as interpretações feitas pelo pesquisador sobre o significado dos dados. Assim, é possível extrair representações holísticas dos processos. Essa forma de investigação possui um direcionamento subjetivo, com foco no significado individual e na importância da interpretação do pesquisador sobre a complexidade de uma situação apresentada.

A abordagem quantitativa é um meio para testar teorias objetivas, examinando a relação entre as variáveis. As variáveis podem ser mensuradas por meio de dados numéricos e analisadas estatisticamente. Nessa forma de investigação busca-se responder questões gerais sobre um determinado tema de maneira objetiva. Segundo Creswell (2014), a abordagem mista associa as formas qualitativa e quantitativa. São estudos que envolvem características de ambas, visto que nestes casos não são encaradas de maneira independente e sim, complementares.

O estado atual de desenvolvimento do tema pode ser considerado em uma fase inicial. Sendo assim, a presente obra, por ser baseado no significado que os diversos autores expressam na literatura e pela necessidade de realizar uma análise de dados indutiva, foi desenvolvido por meio de uma abordagem qualitativa.

A pesquisa qualitativa adequa-se aos objetivos desta obra visto que foi realizada nos locais onde ocorrem o comportamento e os eventos humanos. Segundo Merriam (1998), o pesquisador é o principal instrumento na coleta dos dados descritivos, sendo estes relatados em palavras, ao invés de números. O foco dessa abordagem são as percepções, as experiências e a maneira como os participantes apresentam o sentido da realidade.

A pesquisa qualitativa se concentra no processo, no resultado e nas particularidades do que está acontecendo, pois os pesquisadores estão interessados em entender como os fenômenos acontecem. Os dados são interpretados com relação a essas particularidades ao invés de generalizações. Segundo Creswell (2014), a abordagem qualitativa baseia-se na utilização de conhecimento tácito, por isso os dados não são quantificáveis no sentido tradicional da palavra.

Definida a abordagem de pesquisa como sendo qualitativa, determinou-se a estratégia de investigação. Para atingir os objetivos propostos foi necessário explorar profundamente a atividade de gestão de riscos e cada um dos FCS identificados na literatura. De acordo com os critérios de Yin (2017), tendo a presença do pesquisador na coleta de dados, uma amostra pequena, a necessidade de responder a pergunta "como" e a necessidade de compreender profundamente o processo de decisão, a estratégia de investigação adequada é o estudo de caso.

Um estudo de caso pode envolver um caso único ou múltiplos casos com variados níveis de análises e integrações. As teorias desenvolvidas nesses estudos tem validade empírica, sendo adequadas para novas áreas de pesquisas ou áreas em que o conhecimento desenvolvido é considerado insuficiente (EISENHARDT, 1989).

O estudo de caso é um método poderoso para desenvolver e testar a teoria nas operações e na gestão das organizações. Ao contrário de outros métodos, este está fundamentado na realidade das operações. Não limitado pela rigidez de questionários e modelos, pode levar a ideias novas e criativas, desenvolvimento de nova teoria e ter alta validade com os pesquisadores (VOSS *et al.*, 2002).

Segundo Miguel (2007), dentre os benefícios da realização de um estudo dessa natureza estão a possibilidade de desenvolver nova teoria e de aumentar o entendimento sobre eventos reais e contemporâneos, ressaltando que muitos conceitos na gestão de operações e engenharia de produção foram desenvolvidos por meio de estudo de caso.

No estudo de caso, a capacidade de observação do pesquisador é essencial para que se tenha uma exata compreensão do ambiente que está sendo analisado. O conhecimento teórico sobre o tema também é fundamental, visto que, além de identificar e selecionar as fontes de dados existentes, o pesquisador precisa relacionar a teoria às observações oriundas do trabalho de campo.

Cabe ressaltar a importância da triangulação nas pesquisas que utilizam o método estudo de caso. A triangulação refere-se à utilização de diferentes métodos e fontes de dados para o estudo do mesmo fenômeno. A triangulação fornece uma compreensão real da situação e das informações extraídas, evitando assim vieses e dando fundamentação às proposições elencadas pelo pesquisador.

5.1.1 Delimitação das fronteiras da pesquisa

O referencial teórico permite delimitar as fronteiras do que está sendo pesquisado, possibilita reconhecer os fundamentos que norteiam a investigação e formular um modelo conceitual a ser seguido na pesquisa. Trata-se de um tema que historicamente evoluiu na literatura, sendo discutido e pesquisado por diversos autores e instituições. Entretanto, com o advento de novas estruturas como, por exemplo, o COSO ERM e a ISO 31000, na área de gestão de riscos e a relevância dos FCS nas organizações, o assunto precisou ser revisitado e discutido no mundo acadêmico. Na Figura 6 apresenta--se um resumo do modelo conceitual da pesquisa, destacando-se as variáveis independentes e as dependentes. As variáveis independentes são aquelas que causam, influenciam ou afetam os resultados. Por outro lado, as variáveis dependentes são as consequências ou os resultados da influência das variáveis independentes.

Figura 6 – Variáveis independentes e dependentes

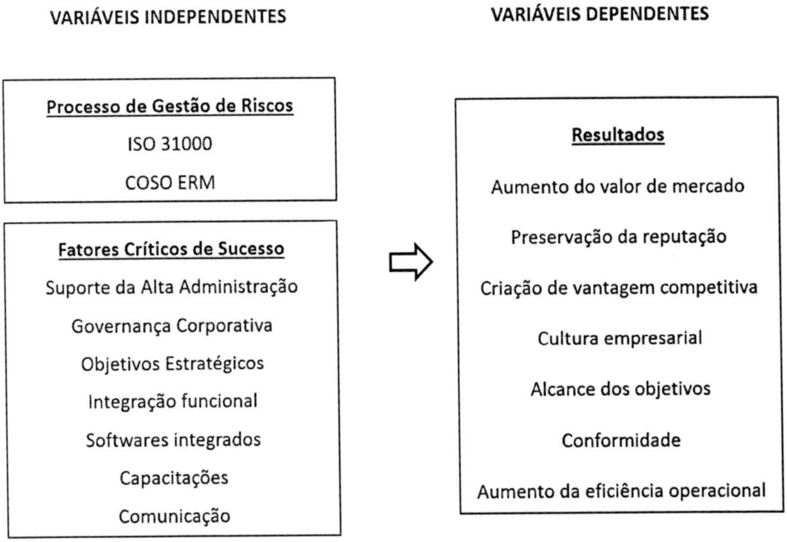

VARIÁVEIS INDEPENDENTES

VARIÁVEIS DEPENDENTES

Processo de Gestão de Riscos

ISO 31000

COSO ERM

Resultados

Aumento do valor de mercado

Fatores Críticos de Sucesso

Suporte da Alta Administração

Governança Corporativa

Objetivos Estratégicos

Integração funcional

Softwares integrados

Capacitações

Comunicação

Preservação da reputação

Criação de vantagem competitiva

Cultura empresarial

Alcance dos objetivos

Conformidade

Aumento da eficiência operacional

Fonte: o autor

5.1.2 Proposições da pesquisa

As proposições da pesquisa correspondem ao que realmente será verificado e tem como princípio apontar o entendimento do pesquisador sobre o tema estudado em momento anterior ao início das atividades de campo, apresentando o que foi aprendido e deduzido com a literatura acadêmica por meio da revisão bibliográfica.

As proposições são os alicerces do planejamento dos casos e auxiliaram no alcance do objetivo específico de analisar o entendimento de profissionais da área de riscos sobre a influência que os FCS e o processo de gestão de riscos exercem nos resultados das organizações. Assim sendo, apresenta-se as oito proposições desta pesquisa:

- **Proposição 1:** o estabelecimento de processos de gestão de riscos na organização não impacta o atingimento dos resultados;

- **Proposição 2:** o suporte dado pela alta administração nas atividades relacionadas a gestão de riscos não afeta os resultados obtidos pela organização;

- **Proposição 3:** a existência de uma estrutura formal de governança corporativa não impacta os resultados obtidos pela organização;

- **Proposição 4:** a definição clara e direta dos objetivos estratégicos não minimiza os riscos de os resultados pretendidos pela organização serem atingidos;

- **Proposição 5:** a existência de processos integrados e com capilaridade por todas as funções organizacionais não impacta os resultados obtidos;

- **Proposição 6:** a implantação de *software* que integre a área de gestão de riscos às demais áreas gerenciais da organização não afeta os resultados obtidos;

- **Proposição 7:** a existência de programas de capacitação continuada não impacta a obtenção dos resultados almejados pela organização;
- **Proposição 8:** uma comunicação aberta e constante aos *stakeholders* sobre as atividades gerenciais não afeta os resultados na organização.

5.1.3 Meios para coleta e análise dos dados

As informações para realização dos estudos de caso foram obtidas por meio de entrevistas semiestruturadas, análise documental e observações diretas. O emprego de múltiplas fontes de evidências possibilita ao pesquisador alcançar uma maior validade construtiva para a pesquisa (EISENHARDT, 1989). A validade construtiva se refere à extensão pela qual uma observação mede o conceito que se pretende avaliar. As entrevistas foram realizadas pessoalmente pelo pesquisador com os gestores. Todas foram gravadas, transcritas e analisadas com auxílio do software NVivo12®, garantindo assim maior fidedignidade das informações obtidas. Por serem do tipo semiestruturada, foi utilizado um instrumento de pesquisa de campo com perguntas alinhadas às proposições deste estudo, que direcionam ora a respostas abertas, ora a respostas fechadas.

A análise documental foi realizada para que se retificasse ou ratificasse o que fora informado na entrevista pelo participante. Essa conferência na documentação é interessante, pois além de poder fornecer dados não apresentados na entrevista, evita interromper a fluência do discurso direto e a linha de raciocínio seguida pelo participante.

A terceira e última fonte de evidências foi a observação direta. Por essa razão, todas as entrevistas foram realizadas nas organizações selecionadas. Assim, foi possível identificar fatores que não foram narrados no discurso dos entrevistados e nem estão presentes nos documentos. Essas percepções obtidas no local agregam sobremaneira na análise final por parte do pesquisador. Ressalta-se que o uso de variadas fontes de evidências permite utilizar a técnica de triangulação em estudos de casos, que compreende uma iteração e convergência entre as diversas fontes (MIGUEL, 2007), garantindo ao pesquisador que as informações obtidas foram fidedignas e condizentes com a realidade das organizações analisadas.

O conjunto de questões usadas nas entrevistas semiestruturadas tiveram a finalidade de avaliar as oito proposições deste estudo e identificar como o processo de gestão de riscos e os FCS impactam os resultados das organizações.

O formulário está dividido em dez partes. A primeira, chamada de caracterização do entrevistado, visa obter informações sobre a função exercida na organização, as capacitações realizadas para exercer a função e o grau de participação nas atividades de gestão de riscos.

A segunda parte, chamada de caracterização da organização, tem a finalidade de extrair informações como porte, tipo, quantidade de pessoas e principalmente, o ano em que as atividades de gestão de riscos iniciaram e a constituição da equipe. Da terceira até a décima parte, o formulário possui questões diretamente relacionadas às proposições desta dissertação, conforme pode ser verificado no Quadro 3.

Quadro 3 – Relação entre as proposições e as questões do formulário

Construtos	Proposições	Questões do formulário	Escala (opção de resposta)
Gestão de riscos	1	O estabelecimento de processos de gestão de riscos na organização não impacta o atingimento dos resultados	
		Existe uma política e uma metodologia de gestão de riscos formalizadas na organização?	Sim / Não
		De que maneira o atendimento às legislações e normativos vigentes sobre as atividades de gestão de riscos agregam valores à sua organização?	Livre
		Qual a influência que a ISO 31000 e o COSO ERM exercem no processo de gestão de riscos da organização?	Livre
		A sua organização é certificada pela ISO 9001 – Gestão da Qualidade?	Sim / Não
		Em caso positivo, qual a percepção de ganho aos resultados da organização?	Livre
		Qual dos seguintes aspectos pode ser mais influenciado pelo estabelecimento de um processo de gestão de riscos?	✓Valor de mercado ✓Reputação ✓Vantagem competitiva ✓Cultura empresarial ✓Alcance dos objetivos ✓Conformidade ✓Eficiência operacional

Gestão de riscos	1	O estabelecimento de processos de gestão de riscos na organização não impacta o atingimento dos resultados	A gestão de desempenho descreve processos, metodologias, métricas e sistemas necessários para medir e gerenciar o desempenho de uma empresa. Como é realizado a gestão de desempenho na sua organização?	Livre
			Os Fatores Críticos de Sucesso (FCS) são áreas nas quais os resultados, se satisfatórios, irão assegurar um desempenho competitivo de sucesso para organização. A organização possui os FCS à gestão de riscos definidos em alguma norma ou política?	Sim / Não
			Como uma correta definição dos FCS pode influenciar na implantação do processo de gestão de riscos?	Livre
Alta administração	2	O suporte dado pela alta administração nas atividades relacionadas à gestão de riscos não afeta os resultados obtidos pela organização	Na sua visão, o envolvimento da alta administração atende as demandas referentes às atividades de gestão de riscos?	Sim / Não
			Em quais das fases do processo de gestão de riscos houve um maior apoio da alta administração?	✓Concepção ✓Implantação ✓Avaliação ✓Melhoria ✓Integração
Governança corporativa	3	A existência de uma estrutura formal de governança corporativa não impacta os resultados obtidos pela organização	Existe uma estrutura formal de governança corporativa em sua organização? Caso positivo, como ela é formalizada e / ou constituída?	Sim / Não
			Qual o impacto que a existência de uma estrutura formal de governança corporativa exerce sobre os resultados obtidos pela organização?	Livre

Objetivos estratégicos	4	A definição clara e direta dos objetivos estratégicos não minimiza os riscos de os resultados pretendidos pela organização serem atingidos	Os objetivos estratégicos estão formalizados em algum documento (exemplo: plano de gestão da organização)?	Sim / Não
			De que maneira as atividades de gestão de riscos estão alinhadas com os objetivos estratégicos da organização? Existe algum tipo de métrica utilizada para medir este alinhamento?	Livre
			Qual a influência que uma definição clara e direta dos objetivos estratégicos possui nos resultados alcançados pela organização?	Livre
Integração organizacional	5	A existência de processos integrados e com capilaridade por todas as funções organizacionais não impacta os resultados obtidos	A equipe de gestão de riscos possui servidores / funcionários de quais áreas da organização?	Livre
			Nas etapas de identificação, avaliação da magnitude e priorização dos riscos ocorre a participação de quais áreas da organização?	Livre
			A gestão de riscos pode ser considerado uma atividade integrada por toda a organização?	Sim / Não
			Na sua opinião, como a integração organizacional facilita (ou facilitaria) o atingimento dos resultados esperados pela organização?	Livre
Softwares integrados	6	A implantação de software que integre a área de gestão de riscos às demais áreas gerenciais da organização não afeta os resultados obtidos	A organização utiliza algum software para realizar as atividades de gestão de riscos?	Sim / Não
			Os sistemas Enterprise Resource Planning (ERP) são sistemas que visam coordenar as informações que dizem respeito aos processos operacionais, administrativos e de gestão presentes nas organizações. A sua organização utiliza algum sistema ERP?	Sim / Não
			Como é a integração de softwares entre a área de riscos e as demais áreas gerenciais?	Livre

Capacitação continuada	7	A existência de programa de capacitação continuada não impacta a obtenção dos resultados almejados pela organização	Existe algum plano de capacitação previsto aos integrantes da organização?	Sim
				Não
			As capacitações na área de gestão de riscos realizadas pelos servidores / funcionários são suficientes para uma otimização dos resultados da organização?	Livre
			Existe algum tipo de métrica utilizada para medir a aplicação do conhecimento adquiridos pelos servidores / funcionários que realizam as capacitações?	Sim
				Não
Comunicação	8	Uma comunicação aberta e constante aos stakeholders sobre as atividades gerenciais não afeta os resultados da organização	De que maneira o relacionamento com os *stakeholders* (ou partes interessadas) permite aperfeiçoar as práticas de gestão de riscos implantadas por sua organização?	Livre
			Existe uma comunicação aberta e constante com os *stakeholders* a respeito das atividades de gestão de riscos?	Sim
				Não
			Em sua opinião, qual o grau de envolvimento dos integrantes da organização nas atividades de gestão de riscos?	Baixo
				Médio
				Alto
			E qual o grau de envolvimento de atores externos à organização como, por exemplo, fornecedores e investidores?	Baixo
				Médio
				Alto

Fonte: o autor

Convém destacar que as questões do formulário apresentadas no Quadro 3 podem ser utilizadas pelo leitor no âmbito de sua organização, para que sejam identificados os pontos fortes e as oportunidades de melhorias acerca dos processos de gestão de riscos e seus impactos nos resultados.

5.1.4 Seleção das unidades de análise

A escolha das unidades de análise é uma decisão fundamental para que a pesquisa atinja seus objetivos. Nesta pesquisa, optou-se pelo estudo de múltiplos casos, visando ter maior generalização dos resultados, evitando assim o risco de um julgamento inadequado quando se utiliza um caso único.

Foram analisados seis casos de organizações distintas. Segundo Eisenhardt (1989) uma quantidade entre quatro e dez casos é suficiente para obtenção de resultados satisfatórios. Quanto ao recorte temporal, os estudos de caso foram longitudinais, ou seja, investigaram aspectos recentes das organizações com o advento da implantação da gestão de riscos, se estendendo ao máximo aos dados dos últimos dez anos, pelo fato de a 1ª edição da ISO 31000 ter sido publicada em 2009.

Das seis organizações estudadas, três foram empresas públicas e as outras três, empresas privadas. O propósito desta divisão foi poder comparar o desenvolvimento sobre o tema estudado destes dois setores no cenário nacional. Para que se tivesse uma amostra mais heterogênea, as áreas de atuação das seis empresas foram distintas. Ressalta-se que foram selecionadas empresas de médio e grandes portes, conforme classificação do Serviço Brasileiro de Apoio às Micro e Pequenas Empresas (Sebrae), apresentada no Quadro 4.

Quadro 4 – Classificação dos estabelecimentos segundo o porte

PORTE	INDÚSTRIA	COMÉRCIO E SERVIÇOS
Microempresa	Até 19 pessoas ocupadas	Até 9 pessoas ocupadas
Pequena empresa	De 20 a 99 pessoas ocupadas	De 10 a 49 pessoas ocupadas
Média empresa	De 100 a 499 pessoas ocupadas	De 50 a 99 pessoas ocupadas
Grande empresa	500 pessoas ocupadas ou mais	100 pessoas ocupadas ou mais

Fonte: Sebrae, 2018

Dois pré-requisitos foram utilizados para seleção das unidades de análise:

- a existência de uma área de gestão de riscos constituída, independentemente de seu tempo de implantação;

- os gestores selecionados para as entrevistas deveriam ter participação direta ou indireta nas atividades de gestão de riscos da organização.

A referência às organizações foi feita por meio de letras sequenciais (A, B, C, D, E e F) e aos gestores entrevistados por meio de números sequenciais (1, 2, 3, 4, 5 e 6). No Quadro 5 é apresentado as principais características das organizações em que os dados foram coletados.

Quadro 5 – Organizações analisadas

SETOR PÚBLICO				
Empresa	Área de atuação	Quantidade de servidores	Porte	Orçamento
A	Serviços Jurídicos	8.000	Grande	150 milhões de reais
B	Serviços de Tecnologia da Informação	200	Grande	2 milhões e 500 mil reais
C	Construção Civil	76	Médio	25 milhões de reais

SETOR PRIVADO

Empresa	Área de atuação	Quantidade de funcionários	Porte	Faturamento
D	Setor Cervejeiro	13.000	Grande	40 bilhões de reais
E	Setor Financeiro	350	Grande	20 milhões de reais
F	Produção de Fertilizantes	5.000	Grande	2 bilhões de reais

Fonte: o autor

Quanto ao registro dos dados, todas as entrevistas foram gravadas em áudio, garantindo assim maior precisão das informações na etapa posterior de análise (MIGUEL, 2007). Ressalta-se que por ser uma prática intrusiva e de se tratar de um tema sensível às organizações, considerou-se necessário enviar o formulário de pesquisa de campo ao entrevistado, dois dias antes da realização da entrevista. Essa medida, além de fornecer mais segurança ao gestor, permitiu a ele buscar informações na organização que porventura não fossem de seu conhecimento. No Quadro 14 são apresentadas informações sobre os gestores entrevistados.

Quadro 6 – Informações sobre os gestores entrevistados

SETOR PÚBLICO

Gestor	Cargo / Função	Tempo de atuação	Grau de participação nas atividades de gestão de riscos	Capacitação específica em gestão de riscos
1	Integrante do Comitê de Gestão de Riscos	3 anos	Indireta	Sim
2	Gerente da Seção de Gestão de Riscos	4 meses	Direta	Sim
3	Agente Diretor	1 ano e 7 meses	Direta	Não

SETOR PRIVADO

Gestor	Cargo / Função	Tempo de atuação	Grau de participação nas atividades de gestão de riscos	Capacitação específica em gestão de riscos
4	Especialista de Processos	10 anos	Indireta	Não
5	Diretor Executivo Principal	1 ano e 6 meses	Direta	Sim
6	Coordenador Regional de Segurança Física e Gestão de Riscos	1 ano e 6 meses	Indireta	Sim

Fonte: o autor

Quanto à análise documental, foram solicitados documentos que suportassem ou complementassem as informações prestadas na entrevista como, por exemplo, a política e metodologia de gestão de riscos, a política de sustentabilidade e o planejamento estratégico da organização. Em determinados casos, por política interna da organização, não foi permitido ao gestor disponibilizar a documentação completa. Sendo assim e visando dar maior robustez à análise documental, buscou-se informações disponíveis nos endereços eletrônicos das organizações. Em outros casos, foi necessário contatar novamente as organizações com o objetivo de confirmar dados levantados nas entrevistas e receber documentações solicitadas para realização da triangulação das informações obtidas como por exemplo, o planejamento estratégico e a política de gestão de riscos.

Quanto à observação direta, os dados foram registrados por meio de anotações durante a realização das entrevistas e nos momentos em que foi possível perceber características do ambiente organizacional. Essa fonte de evidências, apesar de ser considerada a mais subjetiva, auxilia o pesquisador a apurar a existência de convergências e divergências no conjunto de dados, além de permitir a obtenção esclarecimentos sobre as situações vivenciadas pela organização (MIGUEL, 2007).

O Quadro 7 apresenta um resumo das principais características das fontes de evidências.

Quadro 7 – Características das fontes de evidências

	Organização	Entrevistas presenciais e gravadas?	Quais documentos foram utilizados?	Houve visita às instalações?
PÚBLICO	A	Sim	Política de Gestão de Riscos Metodologia de Gestão de Riscos Plano de Gestão Plurianual	Sim
	B	Sim	Política de Gestão de Riscos Metodologia de Gestão de Riscos Plano de Gestão Plurianual	Sim
	C	Sim	Política de Gestão de Riscos Metodologia de Gestão de Riscos Planejamento Estratégico	Sim

	D	Sim	Política de Gestão de Riscos	Não
			Metodologia de Gestão de Riscos	
			Relatório Anual 2018	
PRIVADO	E	Sim	Política de Gestão de Riscos	Sim
			Metodologia de Gestão de Riscos	
			Relatório Anual 2018	
			Planejamento Estratégico	
			Relatório de Sustentabilidade	
	F	Sim	Política de Gestão de Riscos	Não
			Metodologia de Gestão de Riscos	

Fonte: o autor

5.2 RESULTADOS DA PESQUISA

Os resultados apresentados nesta obra são frutos da triangulação das três fontes de evidências utilizadas na etapa de coleta de dados: entrevista semiestruturada, documentação sobre a organização e observação direta. Para cada organização foi realizada uma narrativa geral do caso, com as informações julgadas essenciais e que podem servir ao leitor como parâmetro para identificar como sua organização se encontra em relação a outras instituições no cenário nacional.

5.2.1 Setor Público

5.2.1.1 Organização A: Serviços Jurídicos

A organização A é uma instituição pública responsável pela representação, fiscalização e controle jurídicos da União e da República Federativa do Brasil, bem como pela proteção do patrimônio público contra terceiros ou contra os ocupantes do Governo. Possui aproximadamente 8 mil servidores e um orçamento anual de 150 milhões de reais. Fruto da Instrução Normativa Conjunta MP/CGU, de 10 de maio de 2016, iniciou as atividades de gestão de riscos naquele mesmo ano, contando com uma equipe exclusiva de 8 servidores.

Sobre a gestão de riscos, identificou-se que a organização A possui uma política e uma metodologia formalizadas. Ambas estão disponíveis no endereço eletrônico da organização. Segundo o gestor 1, o atendimento às legislações e normativos vigentes sobre as atividades de gestão de riscos agregam valores à organização A fazendo com que as atividades-fim sejam realizadas com maior eficiência e que o resultado entregue à população seja mais objetivo e condizente com a política pública do país.

As estruturas ISO 31000 e COSO ERM exercem total influência nos processos da organização, pois serviram de base para confecção da política e metodologia da organização A. Sobre gestão da qualidade, verificou-se que a organização não é certificada pela ISO 9001.

Cultura empresarial, alcance dos objetivos e eficiência operacional foram os aspectos destacados pelo gestor 1 como sendo os mais influenciados pelo estabelecimento de um processo de gestão de riscos. O gestor informou ainda que não é realizado uma gestão de desempenho e que os FCS à gestão de riscos não são definidos em nenhuma norma ou política. Entretanto, ressaltou que caso houvesse uma correta definição dos FCS, haveria um maior envolvimento dos gestores das diversas áreas da organização na execução das atividades relacionadas aos riscos corporativos.

Na visão do gestor 1, o envolvimento da alta administração não atende as demandas referentes às atividades de gestão de riscos, entretanto houve um maior apoio na fase de concepção do processo. Informou ainda que existe uma estrutura de governança corporativa formalizada em âmbito nacional e isso exerce uma atuação direta nos resultados, pois auxilia na realização de ações judiciais bem elaboradas.

Os objetivos estratégicos da organização A estão formalizados, entretanto não estão alinhados com as atividades de gestão de riscos. Para o gestor 1 esse alinhamento seria fundamental para que a organização obtivesse resultados mais positivos. Apesar disso, o entrevistado informa que nas etapas de identificação, avaliação da magnitude e priorização dos riscos ocorre a participação de todas as áreas e que a equipe de gestão de riscos é composta por servidores da área administrativa. Com essa estrutura, na visão do gestor, a gestão de riscos pode ser considerada integrada em toda a organização.

Sobre a utilização de software para realizar as atividades de gestão de riscos, o gestor 1 informou que a organização A não utiliza; o controle é feito por planilhas eletrônicas. Sobre os sistemas ERP, informou que também não utilizam, não havendo, portanto, integração de *softwares* entre a área de riscos e as demais áreas gerenciais. Porém, ainda de acordo com o gestor, se houvesse uma integração, facilitaria no alcance dos objetivos, pois todas as áreas estariam no mesmo nível de execução dos processos.

Outro ponto abordado foram as capacitações. O gestor 1 informou que existe um plano de capacitação continuada previsto aos integrantes da organização A. Entretanto, as capacitações na área de gestão de riscos realizadas pelos servidores não são suficientes para uma otimização dos resultados da organização. De acordo com o entrevistado, deveria haver um maior número de capacitações; alguns cursos são ministrados pela própria organização, mas são focados apenas na teoria, sem a preocupação com os resultados.

Por fim, ressalta-se que o relacionamento da organização A com os *stakeholders* permite aperfeiçoar as práticas de gestão de riscos implantadas, pois auxilia na identificação dos problemas e nas possíveis soluções. Na visão do gestor 1, o grau de envolvimento do público interno nas atividades de gestão de riscos é baixo; parcerias com o público externo existem, mas se restringem no apoio à identificação dos principais riscos. No Quadro 8 é apresentado um resumo dos resultados do estudo de caso na organização A.

Quadro 8 – Resumo dos resultados do estudo de caso da organização A

Tópico	Resultado da organização A	Evidências
Estruturas de gestão de riscos utilizadas	ISO 31000 COSO ERM	Sim
Resultados influenciados pela implantação do processo de gestão de riscos	Cultura empresarial Alcance dos objetivos Eficiência operacional	Não
Áreas que participam das principais etapas do processo de gestão de riscos	Todas	Sim
Valores agregados pela implantação do processo de gestão de riscos	Atividades-fim realizadas com maior eficiência e eficácia; Resultado entregue à população mais objetivo e condizente com a política pública do país.	Não
Como uma correta definição dos FCS pode influenciar na implantação do processo de gestão de riscos?	Envolvendo os gestores das diversas áreas da organização.	Não
Fase(s) do processo de gestão de riscos em que houve maior apoio da alta administração	Concepção	Sim
Impacto da estrutura de governança corporativa	Atuação direta nos resultados pois auxilia na realização de ações judiciais bem elaboradas.	Não
Alinhamento entre a gestão de riscos e os objetivos estratégicos	Não há	Sim
Integração de softwares entre a área de riscos e as demais áreas gerenciais	Não há	Sim

Capacitações	Deveria haver um maior número de capacitações. Alguns cursos são ministrados pela própria organização, mas são focados apenas na teoria, sem a preocupação com os resultados.	Sim
Comunicação aberta e constante com os *stakeholders* a respeito das atividades de gestão de riscos?	Sim	Sim

Fonte: o autor

5.2.1.2 Organização B: Serviços de Tecnologia da Informação

A organização B pertence a um órgão público federal e tem por finalidade gerenciar os sistemas e serviços de TI sob sua responsabilidade, a fim de manter a disponibilidade, a confiabilidade e a integridade das informações. Possui um efetivo de 200 servidores e um orçamento anual de aproximadamente 2 milhões e 500 mil reais. Em 2017 tiveram início as atividades de gestão de riscos, com uma equipe específica para a atividade de 2 servidores.

A respeito da gestão de riscos, constatou-se que a organização B possui uma política e uma metodologia formalizadas. Ambas foram apresentadas por ocasião da entrevista e analisadas durante o período de visita à organização. De acordo com o gestor 2, quando as legislações e normas a respeito da gestão de riscos em vigor são atendidas ocorre uma consequente proteção à imagem da organização B. Toda a documentação confeccionada pela organização B que trata sobre gestão de riscos baseou-se tanto na ISO 31000 como no COSO ERM. O gestor 2 ressaltou que a organização B não possui a certificação ISO 9001, porém existem tratativas internas sobre um possível processo junto à certificadora.

Ao ser questionado sobre quais aspectos podem ser mais influenciados pelo estabelecimento de um processo de gestão de riscos, o gestor 2 respondeu que é a reputação, o alcance dos objetivos e a eficiência operacional. Ao ser questionado sobre como é realizado a gestão de desempenho na organização B, o gestor respondeu que são estabelecidas metas de execução orçamentária que precisam ser seguidas e estão alinhadas com a questão da eficiência na gestão do gasto público. Respondeu ainda que a organização não possui os FCS à gestão de riscos definidos, destacando que caso houvesse tais definições os gestores teriam a consciência da dimensão dos fatores que podem impactar nos resultados.

Sobre o envolvimento da alta administração, o gestor 2 informou que existe um apoio às atividades de gestão de riscos; tal apoio ficou mais evidenciado nas fases de concepção e implantação. Na organização B existe uma estrutura formal de governança corporativa e, de acordo com o gestor, ela causa um impacto positivo nos resultados obtidos, pois preserva a imagem que a instituição tem perante a sociedade.

Na organização B existe a formalização dos objetivos estratégicos em um plano de gestão plurianual, porém, de acordo com o gestor 2, para confecção desses objetivos não foram consideradas as atividades de gestão de riscos. O entrevistado afirma que, pela experiência que possui na administração pública, caso houvesse essa integração entre os objetivos e os riscos, a gestão como um todo seria mais eficiente.

O entrevistado esclarece que existem servidores que trabalham exclusivamente na Seção de Gestão de Riscos e todas as áreas possuem um servidor responsável por fornecer dados a essa seção. Assim, na opinião do gestor 2, a gestão de riscos pode ser considerado uma atividade integrada por toda a organização B.

Perguntado se a organização utiliza algum *software* para realizar as atividades de gestão de riscos, o gestor informou que não, que o controle é realizado por planilhas eletrônicas; perguntado ainda se a organização utiliza algum sistema ERP, respondeu que não. Entretanto, ressaltou que caso houvesse uma utilização de *softwares* gerenciais, facilitaria a centralização das informações e consequentemente na eficiência operacional.

Sobre a realização de capacitações, o entrevistado destacou que existe um planejamento aos servidores da organização B. No entanto, as capacitações na área de riscos não são suficientes para uma melhoria dos resultados da organização. Conforme destacou o gestor 2, as capacitações atingem apenas a alta administração e o nível gerencial, não refletindo diretamente nos resultados. Além disso, não existe métrica para medir a aplicação do conhecimento adquirido pelos servidores que realizam as capacitações.

Finalizando, o gestor 2 destacou que por meio de simpósios e seminários, é possível trocar experiências com outras instituições. Existe uma comunicação aberta e constante com os *stakeholders* a respeito das atividades de gestão de riscos; internamente, a área de TI vive a gestão de riscos de forma intensa, possuindo maturidade sobre o tema; com os agentes externos, a troca de experiências ainda é discreta, ocorrendo apenas com os órgãos de controle externo. No Quadro 9 é apresentado um resumo dos resultados do estudo de caso na organização B.

Quadro 9 – Resumo dos resultados do estudo de caso da organização B

Tópico	Resultado da organização B	Evidências
Estruturas de gestão de riscos utilizadas	ISO 31000 COSO ERM	Sim
Resultados influenciados pela implantação do processo de gestão de riscos	Reputação Alcance dos objetivos Conformidade	Não
Áreas que participam das principais etapas do processo de gestão de riscos	Todas	Não
Valores agregados pela implantação do processo de gestão de riscos	Proteção à imagem da instituição.	Sim

Como uma correta definição dos FCS pode influenciar na implantação do processo de gestão de riscos?	Fazendo com que os gestores tenham a consciência da dimensão dos fatores que podem impactar nos resultados.	Não
Fase(s) do processo de gestão de riscos em que houve maior apoio da alta administração	Concepção Implantação	Não
Impacto da estrutura de governança corporativa	Preservação da imagem que a instituição tem perante a sociedade	Sim
Alinhamento entre a gestão de riscos e os objetivos estratégicos	Não há	Sim
Integração de softwares entre a área de riscos e as demais áreas gerenciais	Não há	Sim
Capacitações	As capacitações atingem apenas a Alta administração e o nível gerencial, não refletindo diretamente nos resultados.	Sim
Comunicação aberta e constante com os *stakeholders* a respeito das atividades de gestão de riscos?	Sim	Sim

Fonte: o autor

5.2.1.3 Organização C: Construção Civil

A organização C é uma entidade pública federal que atua em âmbito estadual na execução de atividades de projeto de arquitetura e engenharia, de serviços técnicos e de fiscalização relacionadas com obras militares de construção, ampliação, reforma, adaptação, reparação, restauração, conservação, demolição e remoção de benfeitorias e instalações. Conta com 76 servidores para realização de suas atividades e possui um orçamento anual girando em torno de 25 milhões de reais. No ano 2018, em virtude de legislações federais, iniciaram-se as atividades de gestão de riscos. Desde o início da implantação do processo, a organização não possui uma equipe exclusiva para as atividades de risco.

Quanto à política e metodologia a respeito da gestão de riscos, constatou-se que a organização C possui ambas publicadas em portaria específica a nível nacional, sendo, portanto, de acesso irrestrito a qualquer interessado. Conforme informado pelo gestor 3, o cumprimento dos normativos que versam sobre gestão de riscos auxiliam no tratamento de fatores ou eventos que possam trazer algum risco ao negócio, seja ele um risco negativo, que venha a contribuir para não atingir o objetivo, seja ele uma oportunidade para alcançar os resultados.

A ISO 31000 e o COSO ERM constam nas referências das legislações que tratam sobre riscos da organização C e ao serem analisadas é possível verificar total alinhamento com essas duas estruturas vigentes. Quanto a parte de gestão da qualidade, o gestor 3 informou que a organização não é certificada pela ISO 9001 e não há previsão de recursos para este tipo de procedimento.

O gestor 3 considera que a reputação, o alcance dos objetivos e a vantagem competitiva são os fatores que podem ser mais influenciados pelo estabelecimento de um processo de gestão de riscos. Sobre a gestão de desempenho, informou que é realizado por meio de análises qualitativas e sobre os FCS à gestão de riscos informou que não estão definidos na organização C. Porém, ainda de acordo com o gestor, se houvesse uma correta definição dos FCS haveria uma otimização de todo o planejamento do processo de gestão de riscos.

Quanto ao envolvimento da alta administração, foi informado pelo gestor 3 que há um apoio nas atividades relativas à gestão de riscos. O entrevistado destacou que nas fases de concepção e integração do processo de gestão de riscos os integrantes da alta administração participaram ativamente. Segundo o gestor 3, a estrutura de governança corporativa existe e consta no plano de gestão da organização C; desta forma, auxilia no alcance dos resultados dentro de padrões e controles exigidos pelos órgãos de controle.

Sobre os objetivos estratégicos, ao ser perguntado se estão formalizados em algum documento, o gestor 3 respondeu que sim; entretanto ao ser perguntado de que maneira as atividades de gestão de riscos estão alinhadas com os objetivos estratégicos da organização C, o gestor respondeu que não há alinhamento e os planos são feitos de forma independente. Apesar de não existir uma equipe específica para gestão de riscos, o entrevistado destaca que a atividade passa por todas as áreas da organização e que nas etapas de identificação, avaliação da magnitude e priorização dos riscos ocorre a participação de servidores das áreas técnica, administrativa e de pessoal.

Na organização C não se utiliza *softwares* específicos nem para a gestão de riscos, nem para as demais áreas gerenciais. De acordo com o entrevistado, pela experiência que possui como gestor público, caso fossem utilizados softwares e houvesse integração entre eles, facilitaria na redução do tempo das atividades, refletindo diretamente na eficiência operacional.

Ao ser questionado sobre a existência de um plano de capacitação continuada aos servidores, o gestor 3 respondeu que existe e que as capacitações na área de gestão de riscos são suficientes para uma otimização dos resultados da organização C, pois envolvem os fundamentos teóricos e as aplicações práticas. Porém, segundo o entrevistado, o que ainda precisa ser desenvolvido são as métricas para avaliarem o grau de aplicação do conhecimento adquirido pelos servidores após as capacitações.

Por fim, o gestor 3 acredita que as práticas de gestão de riscos implantadas até o momento pela organização C poderiam ser mais fomentadas pelo engajamento dos *stakeholders*. Na visão do entrevistado, a participação é impositiva e não por comprometimento. Os servidores ainda não verificam que o processo pode trazer resultados positivos à organização. E quanto ao público externo, a organização acredita que somente quando tiverem processos internalizados e bem estruturados, terão condições de chamá-los a participar das atividades relacionadas aos riscos de negócio. No Quadro 10 é apresentado um resumo dos resultados do estudo de caso na organização C.

Quadro 10 – Resumo dos resultados do estudo de caso da organização C

Tópico	Resultado da organização C	Evidências
Estruturas de gestão de riscos utilizadas	ISO 31000 COSO ERM	Sim
Resultados influenciados pela implantação do processo de gestão de riscos	Reputação Vantagem competitiva Alcance dos objetivos	Não
Áreas que participam das principais etapas do processo de gestão de riscos	Técnica, administrativa e de pessoal	Sim
Valores agregados pela implantação do processo de gestão de riscos	Tratamento de eventos que possam trazer risco ao negócio, seja ele um risco negativo, que venha a contribuir para não atingir o objetivo, ou uma oportunidade para alcançar os seus resultados.	Sim
Como uma correta definição dos FCS pode influenciar na implantação do processo de gestão de riscos?	Otimizando todo o planejamento do processo de gestão de riscos.	Sim
Fase(s) do processo de gestão de riscos em que houve maior apoio da alta administração	Concepção Integração	Sim
Impacto da estrutura de governança corporativa	Auxilia no alcance dos resultados dentro de padrões e controles exigidos pelos órgãos de controle.	Sim
Alinhamento entre a gestão de riscos e os objetivos estratégicos	Não há	Sim
Integração de softwares entre a área de riscos e as demais áreas gerenciais	Não há	Sim

Capacitações	Envolvem teoria e prática, visando os resultados da organização.	Não
Comunicação aberta e constante com os *stakeholders* a respeito das atividades de gestão de riscos?	Sim	Sim

Fonte: o autor

5.2.2 Setor Privado

5.2.2.1 Organização D: Setor Cervejeiro

A organização D é uma multinacional que atua no setor de bebidas alcoólicas e não alcoólicas. Para o estudo de caso foram coletados e analisados os dados da subsidiária que atua no mercado brasileiro. Possui aproximadamente 13 mil funcionários e um faturamento anual de 40 bilhões de reais. Desde 2010, ano em que a empresa se instalou no Brasil, iniciaram-se as atividades de gestão de riscos, contando com uma equipe exclusiva de 12 funcionários.

Sobre a gestão de riscos, identificou-se que a organização D possui uma política e uma metodologia formalizadas. Não foi possível ter acesso a elas; no entanto, no relatório anual da empresa com os dados globais, disponível no endereço eletrônico da organização, identifica-se a preocupação dos gestores em apresentar a maturidade da empresa em relação à gestão de riscos. Segundo o gestor 4, o atendimento às legislações e normativos vigentes sobre as atividades de gestão de riscos agregam valores à organização D pois orientam como mitigar e tratar os riscos na prática.

Segundo o entrevistado, a estrutura COSO ERM exerce influência nos processos da organização, servido de alicerce para confecção da política e metodologia da organização D. Entretanto, tal fato não foi evidenciado nas documentações. Sobre gestão da qualidade, verificou-se que a organização é certificada pela ISO 9001. Ao ser questionado sobre qual a percepção de ganho esta certificação trouxe aos resultados da organização, o gestor 4 respondeu que houve uma real mudança de cultura e procedimentos relativos à gestão da qualidade.

Valor de mercado, vantagem competitiva e eficiência operacional foram os aspectos destacados pelo gestor 4 como sendo os mais influenciados pelo estabelecimento de um processo de gestão de riscos. O gestor informou ainda que a gestão de desempenho é realizada periodicamente por meio dos KPIs (*Key Performance Indicator*) e que os FCS à gestão de riscos são definidos em norma, tornando o processo eficiente.

Na visão do gestor 4, o envolvimento da alta administração atende as demandas referentes às atividades de gestão de riscos, havendo um maior apoio nas fases de concepção, implantação e avaliação do processo. Informou, ainda, que existe uma estrutura de governança corporativa baseada na hierarquia horizontal, sendo constituída por especialistas, que são profissionais sêniores. Dessa forma, verifica-se uma atuação direta na eficiência operacional com a formação de equipes com autonomia para tomada de decisão.

Os objetivos estratégicos da organização D estão formalizados e alinhados à gestão de riscos por meio do planejamento estratégico. Segundo o gestor 4, a métrica utilizada são os KPIs e nenhum projeto é executado se não estiver alinhado com um dos objetivos estratégicos. Sendo assim, o entrevistado destaca que a gestão de riscos possui capilaridade por toda a organização e há a participação das diversas áreas em todas as etapas do processo. Todos os projetos possuem um especialista responsável por fornecer os dados à área de gestão de riscos.

Como software para gestão de riscos a organização D utiliza o *Project*® aliado às planilhas eletrônicas. O gestor 4 informou ainda que as demais áreas são gerenciadas por meio da solução SAP®. Ressaltou que não há uma integração direta entre sistemas e que cabe ao especialista do projeto gerenciar os dados das soluções independentes. Segundo ele, a integração facilitaria no alcance dos objetivos, visto que o especialista teria uma visão holística de todo o processo.

Outro ponto abordado foram as capacitações. O gestor 4 informou que não existe um plano específico de capacitação continuada previsto aos integrantes da organização D. A preocupação com capacitações é individual do profissional, não havendo uma relação direta com os resultados.

Por fim, perguntado de que maneira o relacionamento com os *stakeholders* permite aperfeiçoar as práticas de gestão de riscos implantadas pela organização, o gestor 4 respondeu que é por meio da integração entre os *stakeholders* e alinhamento com o objetivo do processo. Destacou que um dos objetivos da gestão de riscos é a continuidade, o crescimento contínuo e a troca de experiências entre os funcionários. E em relação aos agentes externos, salientou que a participação deles trata-se de uma exigência dos projetos. Faz-se uma reunião inicial sobre o projeto na qual eles têm que apresentar o cronograma e quais são os riscos que estão vendo de não atingir o resultado esperado, existindo de fato uma comunicação aberta e constante entre os *stakeholders*. No Quadro 11 é apresentado um resumo dos resultados do estudo de caso na organização D.

Quadro 11 – Resumo dos resultados do estudo de caso da organização D

Tópico	Resultado da organização D	Evidências
Estruturas de gestão de riscos utilizadas	COSO ERM	Não
Resultados influenciados pela implantação do processo de gestão de riscos	Valor de mercado Vantagem competitiva Eficiência operacional	Sim
Áreas que participam das principais etapas do processo de gestão de riscos	Todas	Não

Valores agregados pela implantação do processo de gestão de riscos	Mitigação e tratamento dos riscos na prática.	Sim
Como uma correta definição dos FCS pode influenciar na implantação do processo de gestão de riscos?	Tornando o processo eficiente.	Sim
Fase(s) do processo de gestão de riscos em que houve maior apoio da alta administração	Concepção Implantação Avaliação	Não
Impacto da estrutura de governança corporativa	Atuação direta na eficiência operacional com a formação de equipes com autonomia para tomada de decisão.	Sim
Alinhamento entre a gestão de riscos e os objetivos estratégicos	Sim	Sim
Integração de softwares entre a área de riscos e as demais áreas gerenciais	Indireta	Sim
Capacitações	A preocupação com capacitações é individual do profissional, não havendo uma relação direta com os resultados.	Sim
Comunicação aberta e constante com os *stakeholders* a respeito das atividades de gestão de riscos?	Sim	Sim

Fonte: o autor

5.2.2.2 Organização E: Setor Financeiro

A organização E é uma instituição financeira cooperativa que oferece aos cooperados serviços de conta corrente, crédito, investimento, cartões, previdência, consórcio, seguros, cobrança bancária, dentre outros. Possui um efetivo de 350 funcionários e um faturamento anual de aproximadamente 20 milhões de reais. Em 1997 tiveram início as atividades de gestão de riscos e atualmente conta com uma equipe específica para a atividade de 15 funcionários.

A respeito da gestão de riscos, constatou-se que a organização E possui uma política e uma metodologia formalizadas. Ambas foram apresentadas por ocasião da entrevista e disponibilizadas em meios físico e digital para análise. De acordo com o gestor 5, quando as legislações e normas a respeito da gestão de riscos em vigor são atendidas ocorre uma consequente prevenção à materialização dos riscos, principalmente de imagem. Toda a documentação confeccionada pela organização E que trata sobre gestão de riscos baseou-se no COSO ERM. O gestor 5 ressaltou que a organização E possui a certificação ISO 9001, fato que aumentou o valor de mercado e a vantagem competitiva na captação de investimentos.

Ao ser questionado sobre quais aspectos podem ser mais influenciados pelo estabelecimento de um processo de gestão de riscos, o gestor 5 respondeu que são o valor de mercado, a conformidade e a eficiência operacional. Ao ser questionado sobre como é realizado a gestão de desempenho na organização E, o gestor respondeu que é por meio de métricas estabelecidas no planejamento estratégico. Respondeu ainda que a organização possui os FCS à gestão de riscos definidos, destacando que tais definições refletem no alinhamento do processo de gestão de riscos com o planejamento estratégico.

Sobre o envolvimento da alta administração, o gestor 5 informou que existe um apoio às atividades de gestão de riscos; tal apoio ficou mais evidenciado nas fases de implantação e melhoria. Na organização E existe uma estrutura formal de governança corporativa de acordo com as melhores práticas do IBGC e, segundo o gestor, ela apresenta transparência e conformidade ao mercado, auxiliando na imagem da organização.

Na organização E existe a formalização dos objetivos estratégicos em um plano de gestão e o alinhamento com a gestão de riscos é revisto anualmente devido as naturais mudanças no negócio, tecnológicas e financeiras. Ressaltou ainda que as métricas são estabelecidas no planejamento estratégico. Assim, o gestor 5 ressaltou que a gestão de riscos é uma atividade integrada por toda a organização. Nas etapas de identificação, avaliação da magnitude e priorização dos riscos, funcionários de todas as áreas participam; entretanto, existem os profissionais da chamada supervisão auxiliar, que apesar de serem funcionários da empresa, seguem estritamente as determinações do Banco Central nas áreas de conformidade, gestão de riscos e controles internos.

Sobre o uso de *softwares*, ao ser perguntado se a organização E utiliza soluções computacionais na gestão de riscos e nas demais áreas gerenciais, o gestor 5 respondeu que sim e acrescentou que são desenvolvidos pela própria organização. Dessa maneira existe uma completa integração entre os sistemas e os dados são compartilhados automaticamente. Segundo o entrevistado isso facilita a atuação dos gestores, pois não há inserção específica de dados para gestão de riscos; tudo é automatizado. A integração de todos os módulos gera uma vantagem competitiva à organização.

Ao ser questionado sobre a existência de um plano de capacitação aos funcionários, o gestor 5 respondeu que existe e que as capacitações na área de gestão de riscos são suficientes para uma melhoria dos resultados da organização E. Ressaltou ainda que possuem uma universidade própria que capacita os funcionários de acordo com as necessidades da organização. Sendo assim, segundo o entrevistado, as métricas para medirem o grau de aplicação do conhecimento adquirido pelos funcionários após as capacitações são definidas no planejamento estratégico.

Finalizando, perguntado de que maneira o relacionamento com os *stakeholders* permite aperfeiçoar as práticas de gestão de riscos implantadas pela organização, o entrevistado respondeu que é por meio de uma visão integrada de todas as ações, apresentando como a empresa está sendo gerida e se desenvolvendo economicamente. Quanto a participação do público externo, o gestor 5 informou que a participação deles não só é essencial, como a organização é obrigada a manter a participação deles por meio de assembleias. No Quadro 12 é apresentado um resumo dos resultados do estudo de caso na organização E.

Quadro 12 – Resumo dos resultados do estudo de caso da organização E

Tópico	Resultado da organização E	Evidências
Estruturas de gestão de riscos utilizadas	COSO ERM	Sim
Resultados influenciados pela implantação do processo de gestão de riscos	Valor de mercado Conformidade Eficiência operacional	Sim
Áreas que participam das principais etapas do processo de gestão de riscos	Todas	Sim
Valores agregados pela implantação do processo de gestão de riscos	Prevenção à materialização dos riscos; principalmente riscos de imagem.	Sim
Como uma correta definição dos FCS pode influenciar na implantação do processo de gestão de riscos?	Alinhando o processo de gestão de riscos com o planejamento estratégico.	Sim
Fase(s) do processo de gestão de riscos em que houve maior apoio da alta administração	Implantação Melhoria	Sim
Impacto da estrutura de governança corporativa	Apresenta transparência e conformidade ao mercado, auxiliando na imagem da organização.	Sim
Alinhamento entre a gestão de riscos e os objetivos estratégicos	Sim	Sim

Integração de softwares entre a área de riscos e as demais áreas gerenciais	Direta	Sim
Capacitações	Possui uma Universidade própria que capacita os funcionários de acordo com as necessidades da organização.	Sim
Comunicação aberta e constante com os *stakeholders* a respeito das atividades de gestão de riscos?	Sim	Sim

Fonte: o autor

5.2.2.3 Organização F: Produção de Fertilizantes

A organização F é uma multinacional que atua no setor de produção de fertilizantes. Para o estudo de caso foram coletados e analisados os dados da subsidiária que atua no mercado brasileiro. Conta com 5 mil funcionários para realização de suas atividades e possui um orçamento anual girando em torno de 2 bilhões de reais. No ano 2009, por influência da 1ª edição da ISO 31000, iniciaram-se as atividades de gestão de riscos. Desde o início da implantação do processo, a organização possui 1 funcionário responsável por centralizar as atividades de risco do negócio em cada uma de suas 7 sedes no Brasil.

Quanto à política e metodologia a respeito da gestão de riscos, constatou-se que a organização F possui ambas formalizadas pela matriz internacional e adaptadas ao cenário nacional. Porém são documentos de acesso restrito. Conforme informado pelo gestor 6, o cumprimento dos normativos que versam sobre gestão de riscos auxiliam na identificação dos fatores de riscos e na avaliação dos impactos à organização.

As estruturas da ISO 31000 e do COSO ERM constam nos normativos que tratam sobre riscos da organização F, havendo, de acordo com o gestor 6, um total alinhamento com essas duas estruturas vigentes. Quanto a parte de gestão da qualidade, o gestor 6 informou que a organização é certificada pela ISO 9001 e após esta certificação houve um aumento da eficiência operacional. O gestor 6 considera que a cultura empresarial, o alcance dos objetivos e a eficiência operacional são os fatores que podem ser mais influenciados pelo estabelecimento de um processo de gestão de riscos. Sobre a gestão de desempenho, foi informado que ele é realizado periodicamente por meio de KPIs e sobre os FCS à gestão de riscos foi informado que estão definidos, aumentando assim a qualidade do processo de gestão de riscos.

Quanto ao envolvimento da alta administração, foi informado pelo gestor 6 que há um apoio nas atividades relativas à gestão de riscos. O entrevistado destacou que nas fases de avaliação e melhoria do processo de gestão de riscos os integrantes da alta administração estavam mais engajados. Segundo o gestor 6, a estrutura de governança corporativa existe e é formalizada de acordo com o modelo das Três Linhas de Defesa proposto pelo Instituto do Auditores Internos do Brasil; desta forma, este tipo de estrutura influencia positivamente nos resultados financeiros devido à redução de perdas pela excelência nos processos e nos controles. Sobre os objetivos estratégicos, ao ser perguntado se estão formalizados em algum documento, o gestor 6 respondeu que sim; ao ser perguntado de que maneira as atividades de gestão de riscos estão alinhadas com os objetivos estratégicos da organização F, o gestor respondeu que estão alinhadas por meio dos indicadores de desempenho e o alinhamento é medido pela melhoria da qualidade dos produtos, redução de desperdício da produção e pelo ganho de mercado.

De acordo com o entrevistado a gestão de riscos pode ser considerada um processo integrado em toda a organização; nas etapas de identificação, avaliação da magnitude e priorização dos riscos ocorre a participação funcionários da controladoria, do financeiro, segurança empresarial, do jurídico e de *compliance*. Ao ser questionado sobre a utilização de *software* para realização das atividades de gestão de riscos, o gestor 6 respondeu que o acompanhamento é realizado apenas por planilhas eletrônicas. Ao ser questionado sobre a utilização de sistemas ERP na organização F, o gestor respondeu que a organização adota a solução SAP®. Destaca por fim que um software específico para gestão de riscos aliado ao SAP® facilitaria na identificação das vulnerabilidades dos processos, mitigando a probabilidade de perdas financeiras, operacionais e materiais, auxiliando assim na reputação da organização.

Sobre a realização de capacitações, o gestor 6 destacou que existe um planejamento específico aos funcionários da organização F. No entanto, as capacitações na área de riscos não são suficientes para uma melhoria dos resultados da organização. Conforme ressaltou o entrevistado, falta uma profissionalização da área de riscos dentro da organização. Além disso, não há métrica definida para medição da aplicação do conhecimento adquirido pelos funcionários que realizam as capacitações.

Finalizando, o gestor 6 destacou que existe por parte da organização o incentivo à participação dos *stakeholders* nas atividades referentes à gestão de riscos, contando com uma comunicação aberta e constante. Internamente existem oportunidades de melhoria, visto que a organização ainda não vê o real valor na área de riscos. Com os atores externos, as intervenções são realizadas nas empresas terceirizadas, com a finalidade de que elas adotem os mesmos padrões utilizados pela organização F. No Quadro 13 é apresentado um resumo dos resultados do estudo de caso na organização F.

Quadro 13 – Resumo dos resultados do estudo de caso da organização F

Tópico	Resultado da organização F	Evidências
Estruturas de gestão de riscos utilizadas	ISO 31000 COSO ERM	Sim

Resultados influenciados pela implantação do processo de gestão de riscos	Cultura empresarial Alcance dos objetivos Eficiência operacional	Não
Áreas que participam das principais etapas do processo de gestão de riscos	Controladoria, financeiro, segurança empresarial, jurídico e *compliance*	Sim
Valores agregados pela implantação do processo de gestão de riscos	Avaliação precisa dos impactos à organização.	Não
Como uma correta definição dos FCS pode influenciar na implantação do processo de gestão de riscos?	Aumentando a qualidade do processo	Não
Fase(s) do processo de gestão de riscos em que houve maior apoio da alta administração	Avaliação Melhoria	Sim
Impacto da estrutura de governança corporativa	Atua positivamente nos resultados financeiros devido à redução de perdas pela excelência nos processos e nos controles.	Não
Alinhamento entre a gestão de riscos e os objetivos estratégicos	Sim	Não
Integração de softwares entre a área de riscos e as demais áreas gerenciais	Indireta	Sim
Capacitações	Falta uma profissionalização da área de riscos dentro da organização.	Sim
Comunicação aberta e constante com os *stakeholders* a respeito das atividades de gestão de riscos?	Sim	Não

Fonte: o autor

6

EFEITOS DA GESTÃO DE RISCOS NAS ORGANIZAÇÕES

Os efeitos da gestão de riscos nas organizações são identificados por meio da análise de cada uma das proposições da pesquisa realizada. As implicações teóricas e os motivos pelos quais as oito proposições foram confirmadas, refutadas ou confirmadas parcialmente são relatadas ao leitor no tópico a seguir.

Após esta análise, é apresentada ao leitor a Matriz de Resultados Organizacionais (MRO) que pode ser utilizada pelo gestor como modelo para que por meio de atuação nas áreas-chave auxilie a instituição a atingir determinados resultados organizacionais.

6.1 ANÁLISE DAS PROPOSIÇÕES DA PESQUISA

Nos parágrafos a seguir serão analisadas as proposições da pesquisa. Tais análises fundamentaram a confecção da MRO.

- Proposição 1: O estabelecimento de processos de gestão de riscos na organização não impacta o atingimento dos resultados.

Durante a revisão da literatura os estudos apontavam a influência das atividades de gestão de riscos nos resultados da organização. O estudo de Aven e Zio (2014) aponta a necessidade de a gestão de riscos agregar valor às organizações. Ele se tornou essencial na incessante busca das empresas por reduzirem as perdas e aumentarem as oportunidades, fazendo com que se gerencie o negócio com estabilidade e segurança. Analisando o desempenho da empresa, é possível que os gestores tenham a compreensão de como a gestão de riscos pode influenciar nos resultados do negócio (BRASILIANO, 2018). O estudo realizado por Adrian (2017) discute a migração de práticas de gestão de riscos bancários para riscos de negócios, mesmo que tais práticas tenham falhado em medir e gerenciar adequadamente os riscos da crise financeira global de 2008. O autor concluiu que inovações tecnológicas e regulatórias foram introduzidas de forma sistemática nas organizações e a gestão de riscos auxiliou na redefinição de vulnerabilidades e oportunidades advindas com tais inovações.

Dias (2017) desenvolveu uma pesquisa em que comparava a eficácia de uma auditoria realizada após a implantação do COSO ERM ou da ISO 31000. A estrutura COSO ERM foi considerada mais completa se comparada à ISO 31000:2009, porém, esta última pode ser uma alternativa a ser usada em qualquer organização. O estudo destacou que a condução das atividades de auditoria e os resultados obtidos foram apresentados de maneira mais sólida e confiável após a implantação das estruturas de gestão de riscos. O trabalho apresentado por Muriana e Vizzini (2017) discute uma técnica determinística para avaliar e prevenir os riscos do projeto, detectando o impacto de aspectos como cronograma e custos no desempenho da execução do projeto. Os autores detectaram que em determinados projetos, ações corretivas como, por exemplo, uma correta gestão de riscos, na fase de planejamento possui influência direta no progresso de toda a atividade.

Diante o exposto, o terceiro bloco do formulário da pesquisa de campo continha questões que visavam avaliar a Proposição 1. Verificou-se que as três organizações públicas não possuíam os FCS à gestão de riscos definidos em alguma norma ou política; por outro lado as três organizações privadas possuíam formalizados os FCS. Apesar dessa total diferença entre as ações praticadas pelas organizações públicas e privadas, todos os gestores apresentaram ciência de que uma correta definição dos FCS pode influenciar positivamente na implantação do processo de gestão de riscos. Os resultados que podem ser mais influenciados pelo estabelecimento de um processo de gestão de riscos são a eficiência operacional e o alcance dos objetivos. Ressalta-se, ainda, que os demais resultados esperados (valor de mercado, reputação, vantagem competitiva, cultura empresarial e conformidade) também foram citados pelos entrevistados. Destaca-se ainda que as políticas e metodologias de todas as organizações são influenciadas pela ISO 31000, pelo COSO ERM ou por ambas, demonstrando a importância que tais estruturas exercem nos processos das organizações.

O Quadro 14 mostra a consolidação dos principais resultados obtidos, sendo possível identificar que, tanto no setor público quanto no privado, o estabelecimento de processos de gestão de riscos impacta o atingimento dos resultados nas organizações, refutando dessa maneira a Proposição 1.

Quadro 14 – Dados dos estudos de caso sobre o tema da Proposição 1

	Organização	Definição dos FCS à gestão de riscos	Resultados influenciados pela implantação do processo de gestão de riscos	Estruturas utilizadas
PÚBLICO	A	Não	Cultura empresarial Alcance dos objetivos Eficiência operacional	ISO 31000 COSO ERM
	B	Não	Reputação Alcance dos objetivos Conformidade	ISO 31000 COSO ERM
	C	Não	Reputação Vantagem competitiva Alcance dos objetivos	ISO 31000 COSO ERM

	D	Sim	Valor de mercado Vantagem competitiva Eficiência operacional	COSO ERM
	E	Sim	Valor de mercado Conformidade Eficiência operacional	COSO ERM
PRIVADO	F	Sim	Cultura empresarial Alcance dos objetivos Eficiência operacional	ISO 31000 COSO ERM

Fonte: o autor

- Proposição 2: O suporte dado pela alta administração nas atividades relacionadas à gestão de riscos não afeta os resultados obtidos pela organização.

A literatura analisada aponta que o apoio prestado pela alta administração nos processos de gestão de riscos influencia no resultado obtido pelas organizações. Parte deste apoio se deve ao fato de os profissionais preocuparem-se com os custos e os retornos a serem obtidos com a implantação de novos processos. Segundo Brasiliano (2018), a alta administração deve prover aos gestores de riscos os elementos necessários à implantação e manutenção das atividades, assegurando que a organização amadureça na gestão e desenvolva uma cultura de riscos. Focando sempre no resultado e por meio de um criterioso planejamento é possível aos gestores demonstrarem a importância de existir um envolvimento da alta administração nas diversas atividades gerenciais.

De acordo com os estudos de casos realizados, o quarto bloco do formulário da pesquisa de campo permitiu a realização da análise da Proposição 2. Em cinco das seis organizações, o envolvimento da alta administração atende as demandas referentes às atividades de gestão de riscos, representando assim uma real atenção dada ao processo por aqueles profissionais tomadores das principais decisões.

O suporte dado pela alta administração é primordial às áreas gerenciais e atinge todas as etapas do processo de gestão de riscos, com destaque para a fase de concepção, que é o início de todo procedimento e momento em que as prováveis melhorias nos resultados são apresentadas. Nesta fase a alta administração deve atuar principalmente no engajamento de todos os funcionários da organização, para que o processo de gestão de riscos realize seu primeiro ciclo e ganhe continuidade nos demais.

Uma atividade considerada importante é a inclusão dos assuntos relacionados à gestão de riscos corporativos na agenda do Conselho Administrativo (CA). Isso reforça a cultura de riscos dentro da organização. Dentre as variadas formas de incluir a discussão de riscos na agenda do CA, está a necessidade de a pauta estar presente em todas as reuniões, e não somente nas reuniões trimestrais ou anuais, por exemplo. Pelo fato de os assuntos discutidos pelo CA possuírem fatores de riscos à organização, é importante que se discutam os riscos associados a cada decisão, ao invés de a área de riscos realizar uma análise geral das pautas discutidas.

Assim, os gestores de risco devem fazer as alterações necessárias aos modelos de apresentação para incluir uma seção sobre riscos para cada decisão significativa. A área de riscos deve, em conjunto com a auditoria interna, garantir que as informações fornecidas ao CA sejam completas, precisas e consistentes. Para melhorar a qualidade de tais informações, a área de riscos pode considerar realizar treinamentos específicos com seus gestores antes de participarem das reuniões do CA.

Para área de riscos, determinadas empresas possuem um Comitê de Riscos separado e outras expandem o escopo do Comitê de Auditoria para analisar assuntos relacionados a riscos. Entretanto, sob o viés prático, é ideal que se tenha um Comitê de Riscos independente, para que ele possa desempenhar junto ao CA um importante papel de supervisão e ter um impacto positivo na cultura geral de risco dentro da organização.

Apesar de buscarem objetivos distintos, identificou-se que os gestores dos setores público e privado tem a percepção de que o apoio da alta administração impacta positivamente no alcance dos resultados pretendidos pelas organizações. O Quadro 15 apresenta a consolidação dos principais resultados obtidos, refutando desta maneira a Proposição 2.

Quadro 15 – Dados dos estudos de caso sobre o tema da Proposição 2

	Organização	Envolvimento da alta administração	Fase(s) do processo de gestão de riscos em que houve maior apoio da alta administração	Impacto nos resultados
PÚBLICO	A	Não	Concepção	Sim
	B	Sim	Concepção Implantação	Sim
	C	Sim	Concepção Integração	Sim
PRIVADO	D	Sim	Concepção Implantação Avaliação	Sim
	E	Sim	Implantação Melhoria	Sim
	F	Sim	Avaliação Melhoria	Sim

Fonte: o autor

- Proposição 3: a existência de uma estrutura formal de governança corporativa não impacta os resultados obtidos pela organização

A formalização de uma governança corporativa auxilia na coordenação e supervisão das organizações, alcançando assim os resultados almejados. A contribuição principal de uma governança corporativa é na execução das atividades previstas nas políticas e regulamentos da organização de maneira efetiva.

O trabalho de Fortini e Sherman (2017) buscou examinar como a administração pública brasileira pode ser aprimorada, por meio de mecanismos de governança advindos da iniciativa privada. Pela análise teórica, a pesquisa identificou governança como instrumento eficiente de controle utilizado no meio corporativo. Os pesquisadores concluíram que a prática de governança precisa ser efetivamente fomentada e implantada pelos gestores públicos para produzirem os resultados desejados.

O estudo realizado por Prado *et al.* (2018) teve como objetivo propor uma estrutura de gestão de riscos a partir de um estudo de caso em uma indústria multinacional de capital aberto. Por meio da realização de um diagnóstico operacional foi possível identificar as práticas de gestão de riscos utilizadas e propor uma nova estrutura a ser adotada por organizações que possuam uma governança corporativa desenvolvida, sem que haja a necessidade de investimentos significativos em recursos tecnológicos e humanos.

Todas as organizações possuem uma estrutura de governança corporativa constituída e os seis gestores entrevistados verificaram que a existência dessa estrutura exerce um impacto positivo nos resultados obtidos pelas organizações. Tanto no setor público quanto no privado o papel da governança corporativa possui uma atuação direta nos resultados.

O Quadro 16 apresenta a consolidação dos principais resultados obtidos, refutando desta maneira a Proposição 3.

Quadro 16 – Dados dos estudos de caso sobre o tema da Proposição 3

	Organização	Estrutura formal de Governança corporativa	Impacto da estrutura de governança corporativa
PÚBLICO	A	Sim	Atuação direta nos resultados pois auxilia na realização de ações judiciais bem elaboradas.
	B	Sim	Preservação da imagem que a instituição tem perante a sociedade
	C	Sim	Auxilia no alcance dos resultados dentro de padrões e controles exigidos pelos órgãos de controle.
PRIVADO	D	Sim	Atuação direta na eficiência operacional com a formação de equipes com autonomia para tomada de decisão.
	E	Sim	Apresenta transparência e conformidade ao mercado, auxiliando na imagem da organização.
	F	Sim	Atua positivamente nos resultados financeiros devido à redução de perdas pela excelência nos processos e nos controles.

Fonte: o autor

- Proposição 4: a definição clara e direta dos objetivos estratégicos não minimiza os riscos de os resultados pretendidos pela organização serem atingidos.

A principal função da gestão de riscos é o atingimento aos objetivos estratégicos das organizações (ASSOCIAÇÃO BRASILEIRA DE NORMAS TÉCNICAS, 2018). Com isso, é essencial que elas os tenham claramente definidos para que possam ser estabelecidos sistemas de gestão adequados ao negócio. Os objetivos estratégicos devem nortear o planejamento da organização, considerando os indicadores de desempenho e critérios quantificáveis para que desta forma se consiga analisar a empresa de maneira global.

A pesquisa desenvolvida por Akhtar e Sushil (2018) teve como objetivo identificar as características de implantação do planejamento estratégico em uma petrolífera indiana. Os pesquisadores identificaram que a falta de uma definição estratégica e de uma flexibilidade dos sistemas de informação afetam a gestão de desempenho e consequentemente a medição dos resultados. Concluíram que os fatores estratégicos devem ser incorporados ao modelo integrado dos negócios para que as incertezas sejam monitoradas e os objetivos sejam estrategicamente alinhados aos resultados almejados.

No formulário da pesquisa de campo foram formalizadas três perguntas que visavam entender a relação entre os objetivos estratégicos e os resultados atingidos pelas organizações. Em todas as seis organizações os objetivos estratégicos estão formalizados em algum tipo de documento. Além disso, todos os entrevistados disseram que uma definição clara e direta dos objetivos estratégicos possui total influência nos resultados alcançados. Entretanto, esta última afirmação não pode ser comprovada ao serem analisadas as documentações das organizações públicas. As atividades de gestão de riscos não estão alinhadas com os objetivos estratégicos das organizações públicas estudadas. Nenhuma métrica foi apresentada pelos entrevistados e nem encontrada nas documentações. Por outro lado, em todas as organizações privadas analisadas nesta pesquisa, a gestão de riscos é baseada nos objetivos estratégicos previamente definidos em normas ou diretrizes institucionais. Em cada uma das três organizações existe um tipo de métrica que avalia o atingimento dos resultados esperados como, por exemplo, os KPIs.

Como não fora identificado na literatura uma diferenciação clara entre as organizações públicas e privadas a respeito do tema analisado nesta proposição, com os dados obtidos nos estudos de caso é possível refutar parcialmente a Proposição 4, visto que é refutada pelas informações extraídas das organizações privadas e confirmada pelas informações das organizações públicas. O

Quadro 17 apresenta a consolidação dos principais resultados obtidos, confirmando parcialmente a Proposição 4.

Quadro 17 – Dados dos estudos de caso sobre o tema da Proposição 4

	Organização	Objetivos estratégicos formalizados	Alinhamento entre a gestão de riscos e os objetivos estratégicos	Métrica que relacione os objetivos estratégicos e os resultados obtidos
PÚBLICO	A	Sim	Não há	Não há
	B	Sim	Não há	Não há
	C	Sim	Não há	Não há
PRIVADO	D	Sim	Sim	KPIs
	E	Sim	Sim	Estabelecidas no Planejamento Estratégico
	F	Sim	Sim	Qualidade da produção Redução de desperdício Ganho de mercado

Fonte: o autor

- Proposição 5: a existência de processos integrados e com capilaridade por todas as funções organizacionais não impacta os resultados obtidos.

A integração e o fluxo por toda organização são características essenciais aos processos de gestão de riscos. Nas ocasiões em que as etapas de identificação, avaliação da magnitude e priorização dos riscos são abordadas e tratadas de maneira independente, não existe uma otimização do processo e a realização da atividade apenas cumpre o papel de atender às legislações. O ideal é que a noção de gestão integrada dos riscos esteja inserida na cultura organizacional, garantindo assim que de fato valores sejam agregados às empresas.

Ferro (2015) realizou uma pesquisa em que o objetivo era analisar o processo de gestão de riscos corporativos em empresas do setor não financeiro buscando identificar os aspectos fundamentais para estruturação de uma área de riscos, com ênfase no ambiente interno e externo em que as empresas estão inseridas. Os resultados mostram que em todas as fases do processo há a necessidade de participação das áreas gerenciais e que as empresas devem se adequar às principais estruturas, respeitando as particularidades decorrentes de especificidades organizacionais.

O trabalho desenvolvido por Doi (2017) teve como objetivo principal identificar e avaliar os principais riscos envolvidos na gestão de uma pequena empresa nacional do setor de TI. Identificados os riscos e apresentada uma proposta para tratamento deles, o autor destacou que apesar de ter estudado uma pequena empresa, existem demandas básicas que são necessárias a qualquer porte de organização. Por fim, concluiu que para ser eficiente a gestão de riscos deve ser realizada de modo sistêmico, abrangente e contínuo.

Nesse contexto, o Quadro 18 apresenta um resumo sobre o construto integração organizacional referente à Proposição 5. De acordo com as respostas dos gestores entrevistados, em todas as organizações analisadas a gestão de riscos pode ser considerado uma atividade integrada aos demais processos gerenciais.

Nas etapas de identificação, avaliação da magnitude e priorização dos riscos ocorre a participação de todas as áreas em quatro das seis organizações. Em duas delas (uma pública e outra privada), apesar de não haver a participação de todas as áreas, existe a atuação de áreas-chave relacionadas ao negócio da organização. Porém, mesmo nessas duas, por meio da documentação analisada e devido à especificidade de determinados riscos, foi possível identificar que as atividades de riscos possuem capilaridade por todas as funções organizacionais.

Identificou-se que os gerentes de risco devem construir relacionamentos e unir forças com os outros gerentes responsáveis pela melhoria de desempenho, como por exemplo as áreas de gestão da qualidade, segurança e meio ambiente. Os gerentes de risco devem estudar a finalidade específica de cada tipo de gestão para entender melhor as fontes de riscos e as soluções sugeridas por cada área. Essa atividade permite identificar se os princípios e diretrizes da gestão organizacional estão alinhados por toda instituição, seja ela pública ou privada.

Caso não estejam, a área de riscos deve ser capaz de auxiliar na adaptação das ferramentas de gestão de riscos corporativos para avaliação de riscos e adequada documentação a cada tipo de função organizacional. Convém destacar novamente que o padrão da ISO 31000 facilita essa integração com as demais áreas de gestão que seguem as normas ISO.

Por fim, cabe destacar que na opinião de todos os gestores entrevistados a existência de processos integrados impacta positivamente nos resultados obtidos pelas organizações. Sendo assim, pelas evidências e dados levantados é possível refutar a Proposição 5.

Quadro 18 – Dados dos estudos de caso sobre o tema da Proposição 5

	Organização	A gestão de riscos é uma atividade integrada por toda a organização?	Áreas que participam das principais etapas dos processos gerenciais	Como a integração organizacional facilita o atingimento dos resultados esperados?
PÚBLICO	A	Sim	Todas	Facilitaria no alcance dos objetivos, pois todas as áreas estariam no mesmo nível de execução dos processos.
	B	Sim	Todas	Facilitaria a centralização das informações e consequentemente na eficiência operacional.
	C	Sim	Técnica, administrativa e de pessoal	Facilitaria na redução do tempo das atividades, refletindo diretamente na eficiência operacional.
PRIVADO	D	Sim	Todas	Facilita no alcance dos objetivos, visto que o especialista tem uma visão holística de todo o processo.
	E	Sim	Todas	Facilita a atuação dos gestores, pois a integração de todos os módulos gera uma vantagem competitiva à organização.
	F	Sim	Controladoria, financeiro, segurança empresarial, jurídico e *compliance*	Facilitaria na identificação das vulnerabilidades dos processos, mitigando a probabilidade de perdas financeiras, operacionais e materiais, auxiliando assim na reputação da organização.

Fonte: o autor

- Proposição 6: a implantação de *software* que integre a área de gestão de riscos às demais áreas gerenciais da organização não afeta os resultados obtidos.

A competência para realização de uma efetiva gestão de riscos está diretamente ligada a quão avançada tecnologicamente é uma organização. Soluções estruturadas e integradas proporcionam a prática de uma gestão mais transparente e consistente na utilização dos dados. Além disso, é possível se ter uma visão holística de todas as etapas do processo, atualizadas permanentemente e compartilhadas entre as partes interessadas.

O trabalho desenvolvido por Leandro *et al.* (2017) tinha como objetivo identificar os FCS para implantação de sistemas ERP nas instituições públicas de ensino brasileiras. Os autores concluíram que na fase pré-implantação um dos FCS mais relevantes era a tecnologia da informação utilizada antes do sistema ERP e nas fases de implantação e pós-implantação era ter a confiabilidade dos dados, mostrando assim a relação direta com os resultados.

Brasiliano (2018) destaca a importância da chamada inteligência em riscos. O autor afirma que um controle gerencial realizado somente por planilhas eletrônicas está fadado ao insucesso, visto que no mundo atual que é volátil, incerto, complexo e ambíguo, as organizações que não aderirem aos softwares gerenciais integrados a todas as áreas, perderão posições de mercado em seus setores de atuação e não atingiram os resultados esperados pela alta administração.

Na análise dos dados referentes às seis organizações, houve clara divergência entre o setor público e o privado. Apesar de todos os gestores entrevistados entenderem que uma integração entre os *softwares* da área de riscos com as demais áreas facilitaria de alguma forma o alcance dos resultados, apenas as empresas privadas apresentaram evidências sobre esse tema.

Nenhuma das três organizações públicas utiliza quaisquer *softwares* específicos para a gestão de riscos e também nenhum tipo de sistema ERP. O acompanhamento dos processos é realizado por planilhas eletrônicas, o que na opinião dos gestores aumenta o tempo gasto na atividade e não permite que todas as áreas estejam no mesmo nível de execução, reduzindo assim a eficiência operacional.

Por outro lado, as três organizações privadas estudadas utilizam sistema ERP, sendo que duas delas o sistema SAP® e a terceira um sistema gerencial desenvolvido pela própria organização. Quanto ao software exclusivo para gestão de riscos, verificou-se que duas empresas possuem um tipo de solução computacional e uma não utiliza programa específico, se apoiando somente em planilhas eletrônicas. A existência de um sistema ERP aliado a uma solução tecnológica de gestão de riscos facilita no alcance dos objetivos, visto que o especialista tem uma visão completa de todo o processo. Outro aspecto relevante levantado é que facilita a atuação dos gestores, pois não há inserção especifica de dados para gestão de riscos; tudo é automatizado. A integração de todos os módulos gera uma vantagem competitiva à organização.

Ressalta-se por fim que não fora identificada na literatura pesquisada uma clara diferença entre o setor público e privado a respeito do tema analisado na Proposição 6. Desta maneira, com os dados obtidos nos estudos de casos é possível refutar parcialmente a proposição, visto que é confirmada pelas informações extraídas das organizações públicas e refutada pelas informações das organizações privadas. O Quadro 19 apresenta a consolidação dos principais resultados obtidos, confirmando parcialmente a Proposição 6.

Quadro 19 – Dados dos estudos de caso sobre o tema da Proposição 6

	Organização	Utilização de sistemas ERP	Softwares de Gestão de Riscos	Integração de softwares entre a área de riscos e as demais áreas gerenciais
PÚBLICO	A	Não	Não	Não há
	B	Não	Não	Não há
	C	Não	Não	Não há

	D	Sistema SAP	Project	Indireta
PRIVADO	E	Sistema próprio	Sistema próprio	Direta
	F	Sistema SAP	Não	Indireta

Fonte: o autor

- Proposição 7: a existência de programas de capacitação continuada não impacta a obtenção dos resultados almejados pela organização.

A capacitação dos gestores que atuam nas atividades relativas à gestão de riscos, sejam elas de forma direta ou indireta, deve acontecer de maneira programada e contínua. É essencial que alta administração entenda a relevância que o aperfeiçoamento intelectual possui em todo processo e difunda esta cultura por toda empresa. O investimento em treinamento e capacitação dos recursos humanos melhora o desempenho dos profissionais e otimiza os resultados obtidos.

No estudo desenvolvido por Doi (2017) sobre a gestão de riscos corporativos em pequenas e médias empresas, dentre outros aspectos, destaca-se também a importância que profissionais com capacitações específicas na área riscos possuem na implantação do processo. À medida que a empresa investe em funcionários mais qualificados, ela tem maior probabilidade de potencializar seus resultados.

Nesta mesma linha de raciocínio, ao pesquisar sobre a gestão de desempenho na administração pública, Ribeiro (2018) aponta que a rotatividade periódica de profissionais nas variadas funções administrativas possui aspectos positivos, entretanto deve-se atentar para que não ocorra a delegação de tarefas incompatíveis com a qualificação técnica do servidor, sob pena de não serem alcançados os objetivos das organizações.

Diante do cenário apresentado era possível inferir em um primeiro momento que os programas de capacitação continuada auxiliariam na obtenção dos resultados almejados pelas organizações. Entretanto, essa ideia não foi identificada nos estudos de caso desta pesquisa.

Apesar de cinco dos seis gestores entrevistados dizerem que a organização possuía um planejamento quanto à capacitação de pessoal, este fato pode ser comprovado apenas na organização E, que possui uma universidade própria que capacita os funcionários de acordo com as necessidades da organização. Nas demais, nada constava nas documentações analisadas.

Em quatro das seis organizações as capacitações na área de gestão de riscos, quando realizadas pelos profissionais, não são suficientes para uma otimização dos resultados da organização, pois segundo os gestores de cinco organizações, não existe qualquer tipo de métrica para avaliar a aplicação do conhecimento adquirido pelos funcionários que realizam as capacitações.

Ressalta-se que de acordo com os respondentes, determinados cursos são realizados pela própria organização, outros são terceirizados e alguns são realizados pelo interesse particular do profissional, não havendo incentivo por parte da organização. Pelas respostas dadas e pelo que fora verificado na documentação, apenas as atividades da organização E refutariam a Proposição 7; nas outras cinco falta um planejamento estruturado e contínuo de capacitação; no entanto, de acordo com os entrevistados, tal falta não refletiu negativamente nos resultados esperados pelas organizações.

Assim sendo, tem-se que a Proposição 7 foi confirmada pelos estudos de caso realizados e o Quadro 20 apresenta a consolidação dos principais resultados obtidos a respeito do tema.

Quadro 20 – Dados dos estudos de caso sobre o tema da Proposição 7

	Organização	Existência de Plano de Capacitação	Métrica para medir a aplicação dos conhecimentos adquiridos nas capacitações	Os resultados obtidos são influenciados pelas capacitações realizadas?
PÚBLICO	A	Sim	Não	Não
	B	Sim	Não	Não
	C	Sim	Não	Sim
PRIVADO	D	Não	Não	Não
	E	Sim	Sim	Sim
	F	Sim	Não	Não

Fonte: o autor

- Proposição 8: uma comunicação aberta e constante aos *stakeholders* sobre as atividades gerenciais não afeta os resultados na organização.

A comunicação é uma ferramenta de divulgação que facilita a aplicação das atividades gestão de riscos. O compartilhamento das informações com os *stakeholders* aumenta a transparência e auxilia na divulgação da evolução dos processos por toda a organização.

O estudo desenvolvido por Oliva (2016) teve como objetivo analisar a gestão de riscos de negócio na cadeia de suprimentos das empresas brasileiras. Como resultado do estudo, foi apresentado um modelo para análise de risco corporativo que permite um aperfeiçoamento das práticas implantadas por meio de respostas oportunas, sendo essencial para o sucesso da gestão de riscos.

Conforme Osei-Kyei e Chan (2017), é essencial identificar os resultados que as atividades relacionadas ao risco fornecem aos clientes, funcionários, acionistas e sociedade em geral. Os pesquisadores chegaram a esta conclusão após uma pesquisa realizada com o objetivo de explorar as diferenças de percepção sobre os fatores que contribuem para a gestão bem-sucedida de projetos de PPP na fase operacional entre as partes interessadas. Os resultados mostraram que os aspectos financeiros são os que possuem maior relevância entre os setores. Entretanto, o setor público considera a comunicação aberta e constante entre as partes interessadas como o segundo fator mais importante e o setor privado considera a gestão eficaz dos riscos operacionais.

Dessa maneira, para verificar como o relacionamento com os *stakeholders* nas atividades de gerenciais influencia nos resultados foram realizadas quatro perguntas aos gestores entrevistados. Segundo todos os seis entrevistados, nas organizações existe uma comunicação aberta e constante com os *stakeholders* sobre a área de riscos. Para entender mais sobre o tema, foi solicitado que abordassem o grau de envolvimento dos atores internos e externos.

Sobre os atores internos, em todas as organizações existe a participação. Porém o grau dessa participação varia de instituição para instituição. De acordo com os entrevistados foi possível identificar que no setor público, em duas organizações o grau de participação é baixo e em uma é médio; no setor privado, em uma organização o grau é médio e em duas o grau é alto. Isto mostra que embora exista a cooperação dos atores internos nas organizações públicas, nas privadas a atuação é mais contundente.

Em relação aos atores externos, os resultados são similares aos anteriores. Em apenas uma organização pública a participação é nula, pois os gestores estão aguardando a organização atingir mais maturidade nos processos para se relacionar com entes externos. Nas demais instituições existe esse convívio nos variados graus. O grau é médio em duas organizações públicas e em uma privada; e alto em duas organizações privadas.

Independente do grau de participação foi possível identificar que o relacionamento com os *stakeholders* permite aperfeiçoar as práticas gerenciais implantadas e a melhoria dos resultados, seja na identificação dos problemas e nas possíveis soluções, no engajamento dos profissionais no processo de gestão de riscos, por intermédio de simpósios e seminários com a finalidade de trocar experiências com outras instituições e inclusive por meio de uma visão integrada de todas as ações, apresentado como a empresa está sendo gerida e se desenvolvendo economicamente.

O Quadro 21 mostra a consolidação dos principais resultados obtidos, sendo possível identificar que tanto no setor público quanto no privado, uma comunicação aberta e constante aos *stakeholders* sobre a aplicação das atividades gerenciais permite melhores resultados na organização, refutando dessa maneira a Proposição 8.

Quadro 21 – Dados dos estudos de caso sobre o tema da Proposição 8

	Organização	Comunicação aberta e constante com os *stakeholders*	Grau de envolvimento dos atores internos	Grau de envolvimento dos atores externos
PÚBLICO	A	Sim	Baixo	Médio
	B	Sim	Médio	Médio
	C	Sim	Baixo	Nulo
PRIVADO	D	Sim	Alto	Alto
	E	Sim	Alto	Alto
	F	Sim	Médio	Médio

Fonte: o autor

6.2 A MATRIZ DE RESULTADOS ORGANIZACIONAIS (MRO)

Com base na análise das proposições da pesquisa, foi elaborada a Matriz de Resultados Organizacionais (MRO) (Figura 7), estrutura que melhor representa a influência que os processos de gestão de riscos exercem nos resultados organizacionais, auxiliando os tomadores de decisão a lidar com os fatores condicionantes dos resultados da organização.

Figura 7 – Matriz de Resultados Organizacionais (MRO)

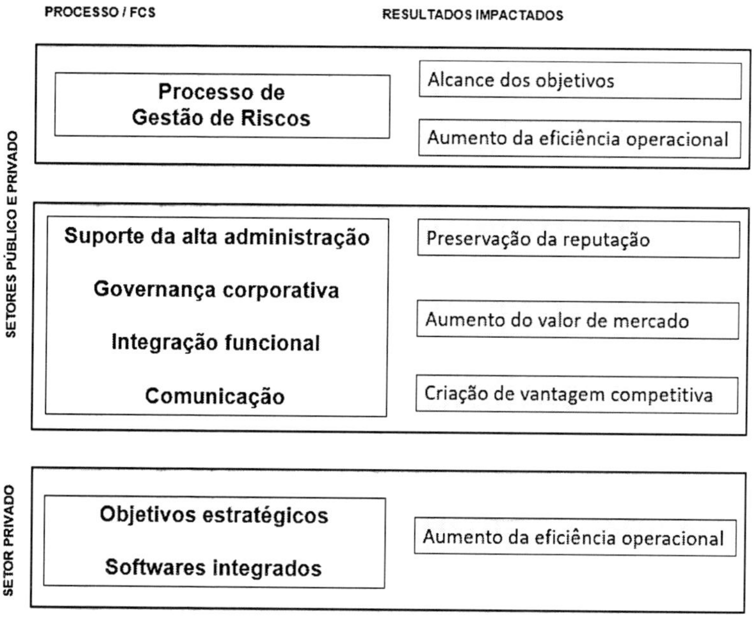

Fonte: o autor

A primeira coluna da matriz mostra o processo de gestão de riscos propriamente dito e os FCS estudados neste livro. Eles são divididos em 3 blocos e correlacionados com os resultados mais influenciados por eles, na segunda coluna denominada Resultado Impactado. Além disso, cabe destacar que, de acordo com a discussão apresentada, os dois primeiros blocos referem-se aos setores público e privado e o terceiro bloco apenas ao setor privado.

Essa matriz pode enriquecer a qualidade e o rigor do processo decisório nos setores público e privado, proporcionando aos gestores uma visão das principais dimensões dos FCS e do processo de gestão de riscos e sua influência nos resultados esperados.

Ao aplicar a matriz nos processos decisórios, os gestores terão uma relação de causa (Processo/FCS) e efeito (Resultado Impactado). Essa relação deve auxiliar na alocação de recursos humanos e financeiros para que os resultados organizacionais, que afetam diretamente a sobrevivência da empresa, sejam otimizados.

7

AGREGANDO VALOR À ORGANIZAÇÃO

7.1 RELACIONAMENTO COM A ÁREA ESTRATÉGICA

Considerando que os objetivos estratégicos são mensuráveis e foram definidos e documentados na organização, após a seleção da estrutura a ser utilizada, deve-se avaliar o efeito da incerteza sobre os objetivos estratégicos.

Qualquer tipo de análise de risco deve começar com um objetivo macro e por meio de indicadores-chave de desempenho (KPIs) podem ser mensuráveis nos níveis estratégicos, táticos e operacionais. Geralmente, os objetivos estratégicos já são divididos em KPIs e metas pela área estratégica ou de recursos humanos, sendo imprescindível que o gestor de riscos entenda a lógica do negócio inserida em cada objetivo e torne a análise de riscos corporativos mais eficiente.

Por meio do planejamento estratégico da organização, os gerentes de riscos conseguem identificar as metas projetadas pela alta administração e compreenderem como os objetivos estratégicos foram divididos em partes gerenciáveis. Pelo fato de as metas estarem associadas a algum tipo de incerteza, é necessário a realização de uma análise de risco. A análise de risco auxilia a verificar se as metas estipuladas refletem o modelo de negócios, se a organização tem estatísticas confiáveis para avaliar o alcance das metas e se as fontes externas de informação são confiáveis para uso estratégico.

Os gerentes de risco devem também realizar uma avaliação de risco para determinar se todos riscos significativos foram capturados na análise de riscos das metas estipuladas pela organização. A avaliação de risco deve incluir uma revisão dos relatórios gerenciais e financeiros existentes, relatórios de auditoria externa, assim como documentação específica acerca da governança corporativa. Para cada risco significativo avaliado, os gerentes de risco devem trabalhar com os proprietários do processo, auditores internos e utilizar fontes de informações internas e externas para reavaliar as metas estabelecidas no planejamento estratégico.

Desta forma, por intermédio de uma análise de cenário para avaliar o efeito da incerteza sobre os objetivos estratégicos da organização, é possível realizar um mapa de riscos. Ao mapear os riscos é fundamental considerar as correlações entre as diferentes metas e a interconectividade entre os riscos. Uma das ferramentas úteis para uma análise de risco aprofundada e identificação de interdependências é um diagrama de gravata borboleta. O resultado da análise de risco auxilia na determinação das causas e consequências de cada risco, bem como na identificação das correlações entre os variados eventos. Além disso, pode-se mensurar a probabilidade de atingimento dos objetivos estratégicos e os principais riscos que podem afetar negativamente ou positivamente o alcance desses objetivos.

Os gerentes de risco devem discutir os resultados da análise de risco com a equipe de planejamento estratégico da organização, com a finalidade de verificar se os resultados estão alinhados com a realidade da organização. Cabe também acionar a área de auditoria interna para determinar se os riscos identificados durante a análise de risco são de fato controlados e as mitigações de risco acordadas são implementado.

Se de fato os resultados da análise de risco forem significativos, então a área de planejamento estratégico poderá revisar as metas estabelecidas, terceirizar os riscos, reduzir o risco adotando abordagens alternativas para alcançar o mesmo objetivo ou implementar medidas apropriadas de controle de risco, aceitar o risco e desenvolver um plano de continuidade de negócios para minimizar os impactos dos riscos (caso se materializem) e até mesmo mudar a estratégia.

Com base nos resultados da análise de risco, pode ser necessário que a área de planejamento revise ou atualize toda a estratégia ou apenas elementos dela. Esta é uma das razões pelas quais é recomendado realizar a análise de risco antes que o planejamento estratégico seja finalizado e divulgado a toda organização. Assim, verifica-se que o relacionamento com a área estratégica é fundamental para que a gestão de riscos corporativos agregue valor à organização.

7.2 A FORMALIZAÇÃO DE UMA POLÍTICA DE GESTÃO DE RISCOS

Considera-se uma prática importante o registro formal das atitudes e dos compromissos assumidos pela organização em relação à gestão de riscos corporativos. Um documento essencial nesse contexto é a Política de Gestão de Riscos da empresa. Ela deve descrever a atitude geral da organização em relação aos riscos, definir princípios de gestão de riscos, funções e responsabilidades, infraestrutura da área, assim como os recursos e processos dedicados a esta gestão.

Destaca-se que a Política de Gestão de Riscos deve ser customizada para cada órgão e tem que refletir a atividades reais realizadas pela organização e sua atitude e abordagem para gerenciar seus riscos do negócio. Assim, o documento refletirá a maturidade organizacional para o tema. Existe ainda, a necessidade de a política ser validada pela alta administração, aprovada e disponibilizada a todas as partes interessadas.

Os aspectos sobre apetite e tolerância a risco devem estar claramente descritos na política. Via de regra as organizações definem seu apetite a risco alinhados com seus objetivos de negócios.

Os critérios para essa definição variam de órgão para órgão, mas normalmente estão relacionados a custos a serem realizados e à preservação da imagem da organização. Assim, a declaração de apetite a risco pode ser realizada de maneira única (como ocorre em grande parte das empresas) ou ser dividida por setores ou objetivos estratégicos. Sob o viés prático, o apetite ao risco é uma ferramenta para auxiliar a gestão a tomar decisões e colaborar com a transparência perante atores internos e externos à organização.

Por isso, ao invés de serem criadas declarações de apetite de risco a cada formulação de planejamento estratégico, os gerentes de risco devem revisar as políticas e procedimentos organizacionais, identificando se os riscos significativos estão enquadrados no apetite definido pela alta administração. Nos casos em que o apetite de risco estiver definido, os gestores de risco devem se informar junto à auditoria interna para saber se os limites foram submetidos a avaliações e se de fato são cumpridos.

Para os riscos em que nenhum apetite foi definido por qualquer uma das políticas ou procedimentos existentes, o gerente de risco deve atuar junto aos proprietários dos riscos para que os limites sejam definidos e posteriormente incorporados nas políticas e procedimentos existentes.

Ao invés de ser tratado de forma independente, toda a discussão acerca do apetite a risco deve sempre estar integrada na Política de Gestão de Riscos, pois ela deverá ser revista periodicamente para que permaneça sempre atualizada e reflita a realidade da organização.

7.3 INTEGRAÇÃO DA ANÁLISE DE RISCO AOS NEGÓCIOS

Ao longo dos anos, os gestores de risco tentam várias maneiras de fazer com que as unidades de negócios participassem do processo de gerenciamento de riscos. Alguns simplificam demais a identificação e avaliação de riscos e outros tornam complexo o uso das diversas metodologias. O resultado em ambos os casos é o mesmo: a ineficiência do processo de gestão de riscos.

Apesar de a gestão de riscos ser considerada uma função de suporte, as unidades de negócios são constantemente obrigadas a fornecer informações aos gestores de risco e não ao contrário. A não ser por uma questão de conformidade, a lógica está invertida e na prática, não faz sentido para os negócios. Um questionamento pertinente da área de negócios é saber o motivo pelo qual são regularmente solicitados a fornecerem informações e participar de avaliações de riscos ao invés de dedicarem o tempo à atividade-fim da organização.

Assim, as atividades de gestão de riscos devem ser utilizadas em todas as tomadas de decisão e não concentradas em relatórios trimestrais ou anuais. Para isso, é necessário mudar a natureza dos processos de negócios existentes (planejamento, orçamento, investimento gestão, gestão de desempenho, aquisições e assim por diante), tornando-os mais baseados em risco. Isso também significa que o processo de gestão de riscos não é um processo singular, devendo haver múltiplos e diferentes processos de gestão de risco na organização.

Desta forma, cabe aos gestores de riscos revisarem criticamente o gerenciamento de risco existente, por meio de seus processos e metodologias, para determinar se eles de fato ajudam a administração a fazer decisões de negócios com base em informações de riscos precisas. Convém destacar a importância da documentação dos fluxos de informações de risco na empresa para garantir que a gestão de riscos forneça suporte adequado e oportuno a todas unidades de negócios.

7.4 ALINHAMENTO COM O PROCESSO DE TOMADA DE DECISÃO

De acordo com a ISO 31000 e o COSO ERM, os princípios de gestão de riscos devem ser parte integrante dos processos organizacionais e de tomada de decisão. A gestão de riscos deve ser vista como uma ferramenta de gestão destinada a melhorar o planejamento, orçamento, gestão de desempenho e outros processos de negócios principais, assim como auxiliar a empresa a tomar decisões de negócios mais fundamentadas acerca de como atingir os objetivos estratégicos e, às vezes, pode até destacar a necessidade mudar completamente a estratégia devido a um nível de risco inaceitável.

A gestão de riscos não deve ser vista como um processo separado e independente. Uma maneira eficaz e simples de mudar a percepção da administração sobre o gerenciamento de riscos é integrar a análise de risco nos vários processos de tomada de decisão. A realização de avaliações de risco para todas as decisões de negócios significativas pode aumentar drasticamente a qualidade da decisão e fornecer à administração informações e alternativas valiosas.

As decisões de negócios são tomadas diariamente, e não mensalmente ou trimestralmente, quando os gestores de risco geralmente atualizam suas avaliações de risco. As atividades de gestão de riscos devem mudar para acomodar essa demanda de negócios. Cabe ressaltar que o escopo e a complexidade de cada decisão devem determinar a extensão da análise de risco necessária, as ferramentas a serem utilizadas e a alçada necessária do profissional responsável.

Para ajudar a integrar o gerenciamento de riscos na tomada de decisões, os gestores de risco podem considerar fazer alterações nos modelos atuais que são usados para apresentar decisões à alta administração e ao Conselho de Administração, com a finalidade de aumentar a conscientização sobre o risco, reforçar a necessidade de uma análise de risco oportuna e melhorar a divulgação deles. Para exemplificar os processos de tomada de decisão, seguem destaca-se as seguintes atividades:

- Decisões de investimento. Usando critérios de modelagem e simulação baseados em risco para avaliar a atratividade de investimentos aos projetos permite que a empresa evite óbices associados aos métodos de avaliação mais tradicionais. Em vez da avaliação do valor presente líquido (VPL), as empresas podem estimar a distribuição de resultados possíveis, a probabilidade de um VPL e riscos mais significativos que precisam ser mitigados para melhorar o desempenho do projeto. A análise de cenários e simulações podem melhorar significativamente a qualidade da análise de investimento.

- Avaliação de riscos comportamentais. Usando elementos da teoria dos jogos e psicologia comportamental para melhorar a qualidade da análise de risco e identificar tendências, aumentará a qualidade das decisões de negócios.

- Decisões de financiamento. Normalmente as decisões de financiamento envolvem um *trade-off* entre risco (potencial custo) e benefício potencial. O ideal é que se faça uma análise de risco adequada, baseando-se em fluxo de caixa e demais indicadores financeiros, ao invés de somente utilizar-se da opinião de especialistas externos.

- Decisões operacionais. Decisões sobre previsões de produção, cadeia de suprimentos, fábrica manutenção, terceirização e estoque exigem uma análise equilibrada de risco e retorno, para que tragam resultados efetivos às partes interessadas.

8

STARTUPS

Os estudos de startups ao longo do tempo crescem em importância tanto no mundo acadêmico quanto no empresarial. Os empreendedores precisam avaliar e decidir entre diferentes estratégias de negócios, para obter vantagem competitiva e se proteger contra ameaças. Neste contexto, o processo de gestão de riscos, que apesar de possuir um leque de diretrizes e *frameworks*, pode aumentar a probabilidade de sucesso na complexa, multidisciplinar e desafiadora atividade de gestão de projetos e desenvolvimento de produtos por parte das startups.

8.1 CONCEITO

Segundo Blank (2006), startup é uma organização temporária projetada para buscar um modelo de negócios repetível e escalável. Uma startup deve se concentrar em alcançar uma compreensão profunda dos clientes e seus problemas, descobrir um roteiro repetível de como eles compram e construir um modelo financeiro que resulte em lucratividade.

As startups devem ser capazes de criar produtos e serviços em condições de extrema incerteza; cuja principal característica é a transformação de ideias em produtos, identificando a aceitação do cliente e analisando a viabilidade de desistir ou continuar.

Em um ambiente competitivo, as startups desempenham um papel importante, pois ajudam a revigorar a economia do país, uma vez que os jovens empreendedores estão dispostos a arriscar com ideias disruptivas e negócios criativos, mas com alto risco de mortalidade nos primeiros anos (MORONI; ARRUDA; ARAUJO, 2015). Embora as startups sejam fundadas em um ambiente de rápida mudança e difuso, seus proprietários realizam esforços significativos para criar produtos, serviços inovadores e principalmente para otimizar processos de negócios (MARULLO *et al.*, 2018).

As condições empreendedoras, como orientação para objetivos e competência dos empreendedores, são importantes fatores de sucesso para o desenvolvimento e sobrevivência das startups.

8.2 APOIO DA GESTÃO DE RISCOS ÀS STARTUPS

As startups aprendem a lidar com ambientes de incerteza, a manter sua origem de inovação e a florescer no mercado. Eles precisam avaliar e decidir entre diferentes estratégias de negócios, para obter vantagem competitiva e se proteger contra ameaças.

Os empreendedores têm buscado avidamente formas eficazes e eficientes de fomentar o nascimento, o crescimento e a sobrevivência de startups (DE AGUIAR *et al.*, 2019). O risco do negócio deve ser constantemente avaliado; caso contrário, a startup pode fracassar e consequentemente, não permanecer no mercado.

8.2.1 Inovação

Uma das consequências da utilização de processos de gestão de riscos em startups é a manutenção de seus traços de inovação. Por meio de um processo que mitiga os riscos identificados, os empreendedores adquirem confiança para continuar com suas ideias de inovação. Além disso, por exigir discussão periódica, o processo ajuda os empreendedores a se manterem atualizados com as tendências do mercado.

A integração entre as atividades relacionadas à gestão de riscos, gestão do conhecimento e capacidades dinâmicas, auxiliando as startups a desenvolver os ciclos de teste, medição e apreensão do conhecimento são amplamente estimulados e inerentes ao processo de criação de novos negócios em contextos dinâmicos e incertos (OLIVEIRA *et al.*, 2019).

Existe a possibilidade de se aplicar o COSO ERM para realizar avaliações de risco em todos os aspectos de desenvolvimento de negócios, inovações de produto/processo, produção, marketing, gestão, bem como finanças e investimentos. A estrutura utilizada de forma dinâmica é facilitadora de inovação, atingindo o objetivo efetivo e eficiente de operação da incubadora, maximizando o sucesso dos negócios emergentes (WONGLIMPIYARAT, 2018).

As *fintechs*, por exemplo, estão buscando novos caminhos para modelos de negócios de sucesso, pois as empresas tradicionais não conseguem realmente se inserir na chamada Revolução das Fintechs. É necessária uma nova abordagem para mapear a inovação em fintech, avaliando a extensão das mudanças e transformações nos serviços financeiros. Nessa abordagem, as atividades de gerenciamento de riscos ganham destaque ao influenciar operações inovadoras com criptomoedas e blockchain.

Cabe ressaltar que as atividades de startup são influenciadas principalmente pelo risco econômico causado pelo caráter inovador do negócio. Para melhorar a eficiência da gestão do risco de inovação, é conveniente avaliar a formação de reservas contábeis, como fundos e provisões, por meio de modelos de contabilidade alinhados à gestão de riscos, otimizando a atividade de inovação e minimizando o risco econômico. Assim, destaca-se a necessidade de as startups desenvolverem a contabilidade empresarial de forma a apoiar a gestão de riscos nas atividades de inovação (LEHENCHUK; VALINKEVYCH; VYHIVSKA, 2020).

8.2.2 Investimentos

Outro aspecto fundamental é a forma como a gestão de riscos atua no investimento em startups. Quanto menor o risco financeiro, maior a probabilidade de atrair investimentos. Isso é evidenciado tanto em pesquisas quantitativas quanto qualitativas.

Existe uma relação direta da gestão de riscos com o investimento inicial realizado pela startup, razão pela qual exige-se uma abordagem específica da metodologia aplicada. A proposta de identificação, análise e tratamento do risco na introdução de novas tecnologias, visando fornecer diretrizes para a melhoria do processo, devem considerar as decisões financeiras tomadas pelo empreendedor e os investimentos em desenvolvimento de produtos (TEBERGA; OLIVA; KOTABE, 2018).

A inclusão de atividades relacionadas à gestão de riscos ajuda a mitigar o risco financeiro associado ao desenvolvimento de novos produtos tecnológicos. Além disso, contribui para políticas de negócios mais tolerantes ao risco financeiro, como condição para a atração de capital de risco.

Vale destacar que os riscos identificados podem estar relacionados a qualquer elemento que afete adversamente o progresso e o sucesso da startup em todas as fases de seu ciclo de vida. Uma análise de risco reduz a probabilidade de estimativas enganosas do custo geral de desenvolvimento e fornece um cronograma de projeto mais eficiente, otimizando os investimentos realizados (SHARMA; DADHICH, 2020).

8.2.3 Satisfação do cliente

Uma outra consequência da gestão de riscos nas startups é o foco na satisfação do cliente. As atividades empreendedoras regionais refletem o clima de negócios e o habitat para a inovação.

Como exemplo, cita-se as empresas do Japão e do Vale do Silício com o objetivo de identificar diferenças que afetam o processo empreendedor e a gestão de empresas iniciantes. Os empresários japoneses estão mais preocupados com os riscos pessoais e de globalização e menos com os riscos de mercado e financeiros. Por outro lado, os empresários do Vale do Silício dão maior ênfase à orientação ao crescimento, satisfação do cliente e reconhecimento de oportunidades (SUZUKI; KIM; BAE, 2002).

As incubadoras, que tem o papel de facilitar o desenvolvimento das startups, enfrentam o desafio de gerir o investimento e o risco do negócio. Elas perseguem diferentes objetivos estratégicos, aplicam diferentes habilidades e competências e atendem a diferentes mercados; por isso devem ser gerenciadas como um negócio. Por meio da gestão estratégica e da análise de riscos, é possível um modelo de negócios customizado, agregando valor aos clientes e demais stakeholders (VON ZEDTWITZ, 2003).

A gestão de riscos auxilia as startups no desenvolvimento de seus processos, obtendo satisfação do cliente e entrega pontual do produto, garantindo a qualidade dos resultados. Por fim, é importante destacar que a gestão de riscos em startups aumenta o desempenho da equipe e o atendimento ao cliente, impactando desde o conceito até o protótipo e a modernização do negócio (DOVLEAC; IONICA; LEBA, 2020).

8.2.4 Tomada de decisão

Um processo de gestão de riscos em uma startup ajuda os empreendedores a escolherem os melhores caminhos de negócios. Inovações envolvendo tecnologia da informação (TI) oferecem oportunidades de investimento potencialmente valiosas para a indústria e organizações governamentais. No entanto, incertezas significativas estão associadas à tomada de decisões de investimento em TI. As incertezas incluem respostas do consumidor, mercado e regulamentação, mudanças no desempenho operacional e transacional e padrões de tecnologia.

No entanto, tratá-los da forma tradicional não é eficaz na tomada de decisões de investimento em TI. É possível obter uma mitigação da incerteza da avaliação do projeto por meio de ferramentas de análises de riscos, como por exemplo, uma simulação de Monte Carlo baseada em mínimos quadrados (KAUFFMAN; LIU; MA, 2015).

As atividades de gerenciamento de risco ajudam a criar um entendimento mútuo sobre o processo de investimento entre empreendedores e investidores, uma vez que possuem visões diferentes sobre o risco a ser assumido pelas startups (POLZIN; SANDERS; STAVLÖT, 2018). O uso da gestão de riscos por empreendedores em startups minimiza a incerteza do investidor na avaliação de projetos. Embora exista um nível de conhecimento mediano sobre o tema gestão de riscos por parte de empreendedores e investidores, a existência do processo de gestão de riscos auxilia ambos na decisão das estratégias de modelo de negócios mais eficientes.

Por fim, destaca-se que o sucesso e a sobrevivência das startups dependem da tomada de decisão dos empreendedores. Os empreendedores são considerados tomadores de risco. A gestão de riscos permite detectar características importantes dos empreendedores quanto à sua percepção de risco e sua tolerância ao risco (SYED; ALARAIFI; AHMAD, 2019).

9

CONCLUSÃO

As organizações devem focar nos resultados para que permaneçam competitivas em suas áreas de atuação. Para isso precisam ter um processo de gestão de riscos estruturado, com definições de políticas e metodologias, mapeamento dos riscos e identificação dos FCS aos seus negócios. Assim, por meio de uma fundamentação teórica consistente e aspectos práticos relevantes, o objetivo desta obra foi apresentar como o processo de gestão de riscos impacta os resultados das organizações.

A gestão de riscos foi apresentada por intermédio de uma revisão de literatura, em que o leitor pode identificar os principais conceitos, os autores mais influentes, demais sistemas de apoio à gestão de riscos e os dois *frameworks* que são referências sobre o tema: ISO 31000 e COSO ERM.

Além disso, foram apresentados 7 FCS, a saber: suporte da alta administração, estrutura formal de governança corporativa, objetivos estratégicos almejados pela organização, integração entre as funções organizacionais, *softwares* de apoio à tomada de decisão, programas de capacitação continuada e por fim, comunicação aberta e constante aos *stakeholders*. Por meio deste conhecimento, é possível que os gestores adotem medidas em suas empresas que otimizem a alocação de recursos e pessoal.

Para que o processo de gestão de riscos fosse apresentado também de maneira prática, optou-se por realizar uma abordagem de pesquisa qualitativa por meio da execução de estudos de caso múltiplos. Com base na literatura pertinente foram definidas oito proposições de pesquisa e selecionadas seis unidades de análise, públicas e privadas, atuando em áreas diversas. Tal fato permitiu comparar o desenvolvimento dos processos de gestão de riscos nas organizações públicas e privadas. Ressalta-se que na escolha das organizações, foi impositivo que todas já tivessem implantado um processo de gestão de riscos e os gestores entrevistados deveriam ter participação direta ou indireta nas atividades da área de riscos.

Com essa medida, foi possível analisar o entendimento de profissionais da área de riscos sobre a influência que os FCS e o processo de gestão de riscos exercem nos resultados das organizações.Com os resultados obtidos nos estudos de caso realizados foi verificado que o estabelecimento de processos de gestão de riscos tem influência direta nos resultados das organizações, destacando-se o alcance dos objetivos e um aumento da eficiência operacional.

Em relação ao suporte dado pela alta administração, à existência de uma estrutura de governança corporativa, à integração da gestão de riscos por todas as funções organizacionais e à importância da participação dos *stakeholders*, tanto as organizações públicas como as privadas apresentaram aspectos que impactam os resultados das organizações, como por exemplo, a preservação da reputação, aumento de valor de mercado e a criação de vantagem competitiva.

Quanto aos objetivos estratégicos e a utilização de softwares que integrem as áreas gerenciais, notou-se uma clara distinção entre os resultados dos setores público e privado. Enquanto no setor privado os objetivos estratégicos são alinhados com a gestão de riscos e os softwares utilizados otimizam a eficiência operacional, no setor público não foram encontradas evidências que esses dois aspectos estejam presentes na gestão das organizações. Concluiu-se que nas organizações privadas a definição dos objetivos estratégicos e o uso de *softwares* gerenciais minimizam o risco de os resultados não serem atingidos e que nas organizações públicas falta uma maior preocupação com tais aspectos.

IMPACTO DA GESTÃO DE RISCOS NOS RESULTADOS DAS ORGANIZAÇÕES

O livro apresenta um modelo prático aos gestores por meio da Matriz de Resultados Organizacionais (MRO), mostrando que o estabelecimento de processos de gestão de riscos e a análise dos FCS têm influência direta nos resultados organizacionais. A MRO reforça que o apoio dado pela alta administração, a existência de uma estrutura de governança corporativa, a integração da gestão de riscos em todas as funções organizacionais e a importância da participação dos *stakeholders*, tanto em organizações públicas quanto privadas, apresentam aspectos que impactam os resultados organizacionais, como a preservação da reputação, aumento do valor de mercado e criação de vantagem competitiva.

Por fim, apresentou-se como a gestão de riscos agrega valor à organização por meio da área estratégica e dos processos de tomada de decisão. Uma análise do processo de gestão de riscos nas startups se fez necessária, visando contemplar mais uma vertente de atuação e alinhar-se a uma demanda de negócios crescente no Brasil e no mundo.

REFERÊNCIAS

ABNT. **NBR ISO 9000:** Sistema de gestão da qualidade - Fundamentos e vocabulário. Rio de Janeiro: Associação Brasileira de Normas Técnicas, 2015a.

ABNT. **NBR ISO 9001:** Sistema de Gestão da Qualidade - Requisitos. Rio de Janeiro: Associação Brasileira de Normas Técnicas, 2015b.

ABNT. **NBR ISO 31000 :** Gestão de riscos - Diretrizes. Rio de Janeiro: Associação Brasileira de Normas Técnicas, 2018.

ABNT. **NBR ISO 37301:** Sistemas de Gestão de Compliance - Requisitos com orientações para uso. Rio de Janeiro: Associação Brasileira de Normas Técnicas, 2021.

ADRIAN, T. Risk management and regulation. **Journal of Risk**, v. 20, n. 1, p. 23-57, 2017.

AKHTAR, M.; SUSHIL, S. Strategic performance management system in uncertain business environment: An empirical study of the Indian oil industry. **Business Process Management Journal**, v. 24, n. 4, p. 923-942, 2018.

ALMARRI, K.; BOUSSABAINE, H. Interdependency of the critical success factors and ex-post performance indicators of PPP projects. **Built Environment Project and Asset Management**, v. 7, n. 5, p. 546-556, 2017.

ALOINI, D.; DULMIN, R.; MININNO, V. Risk management in ERP project introduction: review of the literature. **Information and Management**, v. 44, n. 6, p. 547-567, 2007.

AVEN, T. On the meaning and use of the risk appetite concept. **Risk Analysis**, v. 33, n. 3, p. 462-468, 2013.

AVEN, T.; ZIO, E. Foundational issues in risk assessment and risk management. **Risk Analysis**, v. 34, n. 7, p. 1164-1172, 2014.

AZIZ, N. A. A.; MANAB, N. A.; OTHMAN, S. N. Critical success factors of sustainability risk management (SRM) pratices in malaysian environmentally sensitive industries. **Procedia Social and Behavioral Sciences**, v. 219, n. 1, p. 4-11, 2016.

BACIVAROV, I.; BACIVAROV, A.; GHERGHINA, C. **A new approach in the development of quality management systems for (micro)electronics.** The International Society for Optical Engineering. **Advanced Topics in Optoelectronics, Microelectronics, and Nanotechnologies Conference.** 2016.

BERNSTEIN, P. L. **Against the Gods:** The Remarkable Story of Risk. 1. ed. John Wiley &Sons. 383 p. 1998.

BERSSANETI, F. T.; CARVALHO, M. M. Identification of variables that impact project success in Brazilian companies. **International Journal of Project Management**, v. 33, n.1, p. 638-649, 2015.

BLANK, S. G. **The Four Steps to the Epiphany** - successful strategies for products **that win**. 1. ed. [*s. l: s. n.*].

BRANDÃO, H. P.; BORGES-ANDRADE, J. E.; GUIMARÃES, T. DE A. Desempenho organizacional e suas relações com competências gerenciais, suporte organizacional e treinamento. **Revista de Administração**, v. 47, n. 4, p. 523-539, 2012.

BRASILIANO, A. C. **Inteligência em riscos:** gestão integrada em riscos corporativos. 2. ed. São Paulo: Sicurezza, 2018.

BULLEN, C. V.; ROCKART, J. F. A primer on critical success factors. **Center for Information Systems Research - Sloan School of Management**, v. 69, n. 1, 1981.

CAGNIN, F.; OLIVEIRA, M. C. DE; SIMON, A. T. **Requisitos de gestão de riscos da ISO 9001:**2015 – uma avaliação do nível de inserção de fornecedores do setor automotivo. Simpósio de Engenharia de Produção, 23., 2016. São Paulo, **Anais [...]** Bauru, 2016.

CARVALHO, M. M. DE; *et al.* **Gestão da qualidade:** teoria e casos. 10. ed. Rio de Janeiro: Elsevier, 2005.

CHIARINI, A. Risk-based thinking according to ISO 9001:2015 standard and the risk sources European manufacturing SMEs intend to manage. **The TQM Journal,** v. 29, n. 2, p. 310-323, 2017.

CHUGH, R.; SHARMA, S. C.; CABRERA, A. Lessons learned from Enterprise Resource Planning (ERP) implementations in an Australian company. **International Journal of Enterprise Information Systems,** v. 13, n. 3, p. 23-35, 2017.

COOKE-DAVIES, T. The "real" success factors on projects. **International Journal of Project Management,** v. 20, n. 3, p. 185-190, 2002.

COSO. **Enterprise Risk Management - Integrating with Strategy and Performance.** New York Committee of Sponsoring Organizations of the Treadway Commission, 2017.

CRESWELL, J. W. **Research design:** qualitative, quantitative, and mixed methods approaches. 4. ed. [*s. l.*] Sage Publications, 2014.

DANIEL, D. R. Management information crisis. **Harvard Business Review,** v. 39, n. 5, p. 111-121, 1961.

DE AGUIAR, R. B. *et al.* Lean mentorship: Fitting external support to entrepreneur needs over the startup development. **Production,** v. 29, n. e20190078, 2019.

DIAS, A. A. DE S. P. A more effective audit after COSO ERM 2017 or after ISO 31000:2009? **Revista Perspectiva Empresarial,** v. 4, n. 2, p. 73-82, 2017.

DOI, A. **Gerenciamento de riscos corporativos em pequenas e médias empresas:** análise de uma empresa nacional no setor de TI. [*s. l.*] Universidade de São Paulo, 2017.

DOVLEAC, R.; IONICA, A.; LEBA, M. QFD embedded Agile approach on IT startups project management. **Cogent Business and Management,** v. 7, n. 1, p. 1-15, 2020.

DU, J.; WU, H.; ZHU, L. Influencing factors on profit distribution of public-private partnership projects. **Advances in civil engineering**, v. 1, n. 1, p. 1-11, 2018.

DUTRA, J. S. **Avaliação de pessoas na empresa contemporânea**. 1. ed. São Paulo: Atlas, 2014.

EISENHARDT, K. M. Building theories from case study research. **The Academy of Management Review**, v. 14, n. 4, p. 532-550, 1989.

FERRO, D. DOS S. **Gestão de riscos corporativos: um estudo multicaso sobre seus métodos e técnicas**. [*s. l.*] Universidade de São Paulo, 2015.

FONSECA, L. M. From Quality Gurus and TQM To ISO 9001:2015: A review of several quality Paths. **International Journal for Quality Research**, v. 9, n. 1, p. 167-180, 2015.

FORD, C. L. New Governance, Compliance,and Principles-Based SecuritiesRegulation. **American Business Law Journal**, v. 45, n. 1, p. 1-60, 2008.

FORTINI, C.; SHERMAN, A. Governança pública e combate à corrupção: novas perspectivas para o controle da Administração Pública brasileira. **Interesse Público**, v. 19, n. 102, p. 27-44, 2017.

FRASER, J. R. S.; SIMKINS, B. J. **Enterprise risk management**. [*s. l: s. n.*].

FREUND, Y. P. Critical success factors. **Planning Review**, v. 16, n. 4, p. 20-23, 1988.

GATES, S. Incorporating strategic risk into Enterprise Risk Management: a survey of current corporate practice. **Journal of Applied Corporate Finance**, v. 18, n. 4, p. 81-90, 2006.

HERAS-SAIZARBITORIA, I.; BOIRAL, O. ISO 9001 and ISO 14001: Towards a Research Agenda on Management System Standards. **International Journal of Management Reviews**, v. 15, n. 1, p. 47-65, 2013.

JURAN, J. M.; GRYNA, F. M. **Controle da qualidade - Handbook**. [*s. l.*] Makron Books, 1988.

KAUFFMAN, R. J.; LIU, J.; MA, D. Technology investment decision--making under uncertainty. **Information Technology and Management**, v. 16, n. 2, p. 153-172, 2015.

LEANDRO, F. C. F.; MEXAS, M. P.; DRUMOND, G. M. Identifying critical success factors for the implementation of Enterprise Resource Planning systems in public educational institutions. **Brazilian Journal of Operations & Production Management**, v. 14, n. 4, p. 529-541, 2017.

LEHENCHUK, S.; VALINKEVYCH, N.; VYHIVSKA, I. Accounting reserves in optimization of risks of innovative activity. **Financial and credit activity-problems of theory and practice**, v. 2, n. 33, p. 174-184, 2020.

LEONELLI, G. C. Judicial Review of Compliance with the Precautionary Principle from Paraquat to Blaise: Quantitative Thresholds, Risk Assessment, and the Gap between Regulation and Regulatory Implementation. **German Law Journal**, v. 22, n. 2, p. 184-215, 2021.

LIU, J. *et al.* Conceptual Framework for the Performance Measurement of Public-Private Partnerships. **Journal of Infrastructure Systems**, v. 21, n. 1, 2015.

MACBRYDE, J. *et al.* Transformation in the defence sector: the critical role of performance measurement. **Management Accounting Research**, v. 25, n. 2, p. 157-172, 2014.

MARULLO, C. *et al.* 'Ready for Take-off': How Open Innovation influences startup success. **Creativity and Innovation Management**, v. 27, n. 4, p. 476-488, 2018.

MERRIAM, S. B. **Qualitative research and case study applications in education**. 2. ed. [*s. l.*] Jossey-Bass Publishers, 1998.

MIGUEL, P. A. C. Estudo de caso na engenharia de produção: estruturação e recomendações para sua condução. **Production**, v. 17, n. 1, p. 216-229, 2007.

MOREIRA, A. W. **Proposta de Fatores Críticos de Sucesso para a implantação de um modelo de gestão da Tecnologia da Informação:**

um estudo de caso numa instituição de ensino federal. Universidade Federal Fluminense, 2013.

MORONI, I.; ARRUDA, A.; ARAUJO, K. The Design and Technological Innovation: How to Understand the Growth of Startups Companies in Competitive Business Environment. **Procedia Manufacturing**, v. 3, n.1, p. 2199-2204, 2015.

MURIANA, C.; VIZZINI, G. Project risk management: A deterministic quantitative technique for assessment and mitigation. **International Journal of Project Management**, v. 35, n. 3, p. 320-340, 2017.

NOE, R. A. *et al.* **Human resource management: gaining a competitive advantage.** 10. ed. New York: McGraw-Hill Education, 2016.

OLECHOWSKI, A. *et al.* The professionalization of risk management: What role can the ISO 31000 risk management principles play? **International Journal of Project Management**, v. 34, n. 8, p. 1568-1578, 2016.

OLIVA, F. L. A maturity model for enterprise risk management. **International Journal of Production Economics**, v. 173, n. 1, p. 66-79, 2016.

OLIVEIRA, K. W. N. DE. **Fatores críticos de sucesso associados à implementação do Enterprise Risk Management.** NiteróiEscola de Engenharia da Universidade Federal Fluminense, 2016.

OLIVEIRA, K. *et al.* Critical success factors associated with the implementation of enterprise risk management. **Journal of Risk Research**, v. 22, n. 8, p. 1004-1019, 2019.

OSEI-KYEI, R.; CHAN, A. P. C. Perceptions of stakeholders on the critical success factors for operational management of public-private partnership projects. **Facilities**, v. 35, n. 1, p. 21-38, 2017.

OTLEY, D. Performance management: A framework for management control systems research. **Management Accounting Research**, v. 10, n. 4, p. 363-382, 1999.

PARRA-LÓPEZ, C. *et al.* ISO 9001 implementation and associated manufacturing and marketing practices in the olive oil industry in southern Spain. **Food Control**, v. 62, n. 1, p. 23-31, 2016.

POLZIN, F.; SANDERS, M.; STAVLÖT, U. Do investors and entrepreneurs match? – Evidence from The Netherlands and Sweden. **Technological Forecasting and Social Change**, v. 127, n. 1, p. 112-126, 2018.

PRADO, E. V. DO *et al.* Práticas de Gerenciamento de Riscos Corporativos: um estudo de caso em uma indústria multinacional de autopeças. **Caderno Profissional de Administração**, v. 8, n. 1, p. 45-68, 2018.

RAM, J.; CORKINDALE, D.; WU, M. L. Implementation critical success factors (CSFs) for ERP: Do they contribute to implementation success and post-implementation performance? **International Journal of Production Economics**, v. 144, n. 1, p. 157-174, 2013.

REITSMA, E.; HILLETOFTH, P. Critical success factors for ERP system implementation: a user perspective. **European Business Review**, v. 30, n. 3, p. 285-310, 2018.

RENN, O. Three decades of risk research: accomplishments and new challenges. **Journal of Risk Research**, v. 1, n. 1, p. 49-71, 1998.

RIBEIRO, E. S. **Gestão de desempenho na administração pública:** superando procedimentos burocráticos. Universidade Federal de São Carlos, 2018.

ROBEY, D.; ROSS, J. W.; BOUDREAU, M. C. Learning to implement enterprise systems: an exploratory study of the dialectics of change. **Journal of Management Information Systems**, v. 19, n. 1, p. 17-46, 2002.

RYBSKI, C.; JOCHEM, R.; HOMMA, L. Empirical study on status of preparation for ISO 9001:2015. **Total Quality Management and Business Excellence**, v. 28, n. 9-10, p. 1076-1089, 2017.

SAFA, N. S.; VON SOLMS, R.; FURNELL, S. Information security policy compliance model in organizations. **Computers and Security**, v. 46, n. 1, p. 70-82, 2016.

SALLES JÚNIOR, C. A. C. *et al.* **Gerenciamento de riscos em projetos.** 2. ed. Rio de Janeiro: Editora FGV, 2010.

SANCHEZ, H.; ROBERT, B. Measuring portfolio strategic performance using key performance indicators. **Project Management Journal**, v. 41, n. 5, p. 64-73, 2010.

SEBRAE, S. B. DE A. ÀS M. E P. E. **Anuário do trabalho nos pequenos negócios** : 2016. [*s. l.*] DIEESE, 2018.

SHARMA, R.; DADHICH, R. Analyzing CMMI RSKM with small software industries at level-1. **Journal of Discrete Mathematical Sciences and Cryptography**, v. 23, n. 1, p. 249-261, 2020.

SHATAT, A. S.; UDIN, Z. M. The relationship between ERP system and supply chain management performance in Malaysian manufacturing companies. **Journal of Enterprise Information Management**, v. 25, n. 6, p. 576-604, 2012.

SUN, H.; NI, W.; LAM, R. A step-by-step performance assessment and improvement method for ERP implementation: action case studies in Chinese companies. **Computers in Industry**, v. 68, n. 1, p. 40-52, 2015.

SUZUKI, K. I.; KIM, S. H.; BAE, Z. T. Entrepreneurship in Japan and Silicon Valley: A comparative study. **Technovation**, v. 22, n. 10, p. 595-606, 2002.

SYED, A. M.; ALARAIFI, A.; AHMAD, S. Entrepreneurs in Saudi Arabia: Risk attitude and predisposition towards risk management. **Journal of Entrepreneurship Education**, v. 22, n. 4, p. 1-18, 2019.

TEBERGA, P. M. F.; OLIVA, F. L.; KOTABE, M. Risk analysis in introduction of new technologies by start-ups in the Brazilian market. **Management Decision**, v. 56, n. 1, p. 64-86, 2018.

UMBLE, E. J.; HAFT, R. R.; UMBLE, M. M. Enterprise resource planning: implementation procedures and critical success factors. **European Journal of Operational Research**, v. 146, n. 2, p. 241-257, 2003.

VANASCO, R. R. The Foreign Corrupt Practices Act: an international perspective. **Managerial Auditing Journal**, v. 14, n. 4/5, p. 161-261, 1999.

VON ZEDTWITZ, M. Classification and management of incubators: aligning strategic objectives and competitive scope for new business facilitation. **International Journal of Entrepreneurship and Innovation Management**, v. 3, n. 1/2, p. 176-196, 2003.

VOSS, C.; TSIKRIKTSIS, N.; FROHLICH, M. Case research in operations management. **International Journal of Operations and Production Management**, v. 22, n. 2, p. 195-219, 2002.

WESTHAUSEN, H.-U. About the calculation of the compliance value and its practical relevance. **Ekonomika**, v. 100, n. 2, p. 171-189, 2021.

WONG, S. Risk-based thinking for chemical testing. **Accreditation and Quality Assurance**, v. 22, n. 2, p. 103-108, 2017.

WONGLIMPIYARAT, J. Risk management tool to maximise the performance of technology accelerators. **International Journal of Business Innovation and Research**, v. 16, n. 2, p. 227-242, 2018.

YIN, R. K. **Case study research and applications: design and methods.** 6. ed. [*s. l.*] SAGE Publications, 2017.

APÊNDICE A

MATURIDADE DO PROCESSO DE GESTÃO DE RISCOS NA ORGANIZAÇÃO

Após a leitura do livro, os gestores de riscos terão conhecimentos suficientes para responder as perguntas a seguir e ao final, baseando-se nas próprias respostas, identificar em qual nível de maturidade a organização se encontra. Este apêndice é uma excelente ferramenta de tomada de decisão aos profissionais de riscos e se aplica a qualquer tipo de organização.

Gerenciamento de riscos

- Existe uma política e uma metodologia de gerenciamento de riscos formalizadas na organização?

- De que maneira o atendimento às legislações e normativos vigentes sobre as atividades de gerenciamento de riscos agregam valores à sua organização?

- Qual a influência que a ISO 31000:2018 e o COSO ERM 2017 exercem no processo de gestão de riscos da organização?

- A sua organização é certificada pela ISO 9001:2015 – Gestão de Qualidade?

- Em caso positivo, qual a percepção de ganho aos resultados da organização?

- Qual dos seguintes aspectos pode ser mais influenciado pelo estabelecimento de um processo de gestão de riscos?

( ) Valor de mercado ( ) Vantagem competitiva
( ) Cultura empresarial ( ) Alcance dos objetivos
( ) Conformidade ( ) Reputação
( ) Eficiência operacional

- O gerenciamento de desempenho descreve processos, metodologias, métricas e sistemas necessários para medir e gerenciar o desempenho de uma empresa. Como é realizado o gerenciamento de desempenho na sua organização?

- Os Fatores Críticos de Sucesso (FCS) são áreas nas quais os resultados, se satisfatórios, irão assegurar um desempenho competitivo de sucesso para organização. A organização possui os FCS ao gerenciamento de riscos definidos em alguma norma ou política?

- Como uma correta definição dos FCS pode influenciar na implantação do processo de gerenciamento de riscos?

Alta Administração

- Na sua visão, o envolvimento da Alta Administração atende as demandas referentes às atividades de gestão de riscos?

- Em quais das fases do processo de gestão de riscos houve um maior apoio da Alta Administração?

( ) Concepção ( ) Implantação
( ) Avaliação ( ) Melhoria
( ) Integração

Governança Corporativa

- Existe uma estrutura formal de Governança Corporativa em sua organização? Caso positivo, como ela é formalizada e / ou constituída?

- Qual o impacto que a existência de uma estrutura formal de Governança Corporativa exerce sobre os resultados obtidos pela organização?

Objetivos Estratégicos

- Os objetivos estratégicos estão formalizados em algum documento (exemplo: plano de gestão da organização)?

- De que maneira as atividades de gerenciamento de riscos estão alinhadas com os objetivos estratégicos da organização? Existe algum tipo de métrica utilizada para medir este alinhamento?

- Qual a influência que uma definição clara e direta dos objetivos estratégicos possui nos resultados alcançados pela organização?

Integração Organizacional

- A equipe de gestão de riscos possui servidores / funcionários de quais áreas da organização?

- Nas etapas de identificação, avaliação da magnitude e priorização dos riscos ocorre a participação de quais áreas da organização?

- O gerenciamento de riscos pode ser considerado uma atividade integrada por toda a organização?

- Na sua opinião, como a integração organizacional facilita (ou facilitaria) o atingimento dos resultados esperados pela organização?

Softwares Integrados
- A organização utiliza algum *software* para realizar as atividades de gerenciamento de riscos?

- Os sistemas *Enterprise Resource Planning* (ERP) são sistemas que visam coordenar as informações que dizem respeito aos processos operacionais, administrativos e de gestão presentes nas organizações. A sua organização utiliza algum sistema ERP?

- Como é a integração de softwares entre a área de riscos e as demais áreas gerenciais?

Capacitação Continuada
- Existe algum plano de capacitação previsto aos integrantes da organização?

- As capacitações na área de gestão de riscos realizadas pelos servidores / funcionários são suficientes para uma otimização dos resultados da organização?

- Existe algum tipo de métrica utilizada para medir a aplicação do conhecimento adquiridos pelos servidores / funcionários que realizam as capacitações?

Comunicação
- De que maneira o relacionamento com os *stakeholders* (ou partes interessadas) permite aperfeiçoar as práticas de gestão de riscos implantadas por sua organização?

- Existe uma comunicação aberta e constante com os *stakeholders* a respeito das atividades de gerenciamento de riscos?

- Em sua opinião, qual o grau de envolvimento dos integrantes da organização nas atividades de gerenciamento de riscos?

- E qual o grau de envolvimento de atores externos à organização, como por exemplo fornecedores e investidores?

Respondido o questionário e de acordo com o quadro abaixo, cabe ao gestor de riscos, de maneira subjetiva, identificar em qual nível sua organização se encontra e propor ações para que a empresa evolua de nível em uma próxima avaliação.

Níveis de Maturidade do Processo de Gestão de Riscos	
Fraco	a) Os pré-requisitos de governança para uma estrutura de gestão de riscos não estão implementados. b) O processo de gestão de riscos é isolado, não documentado, inconsistente e sem clareza. c) Riscos não são considerados no momento da tomada de decisão
Sustentável	a) As expectativas das partes interessadas internas e externas são minimamente atendidas. b) As atividades de gestão de riscos são limitadas, sendo algumas delas alinhadas á estratégica de negócios. c) A utilização de tecnologia é limitada e inconsistente.
Maduro	a) As atividades de gestão de riscos estão alinhadas à estratégia de negócios. b) As atividades corporativas de gestão de riscos demonstram o nível de consistência, mas operações remotas ou unidades de negócios não são integradas. c) O uso de tecnologia não é integrado.

Integrado	a) As capacidades e atividades de gestão de riscos são integradas e coordenadas corporativamente e em operações remotas e unidades de negócios. b) Os objetivos da gestão de riscos e a proposta de geração de valor estão consistentemente alinhados à estratégia dos negócios. c) Ferramentas e processos comuns em toda empresa são utilizados no monitoramento, na mensuração e no reporte de riscos.
Avançado	a) As atividades de gestão de riscos estão completamente inseridas no planejamento estratégico, na alocação de capital e nas decisões diárias. b) A gestão de riscos é uma fonte para a vantagem competitiva. c) A avaliação de desempenho considera formalmente a gestão de riscos

Fonte: adaptado da Pesquisa da Maturidade do Processo de Gestão de Riscos no Brasil. KPMG, 2. ed. 2020